초등쌤이 알려주는 사근사근
사자성어의 비밀

초등쌤이 알려주는 사근사근 사자성어의 비밀

1판 1쇄 펴낸 날   2023년 6월 20일

지은이	이동은
그린이	한규원(필움)
디자인	최한나

펴낸이	박현미
펴낸곳	(주)이북스미디어
출판등록	2022년 4월 25일(제2022-000038호)
주소	서울시 용산구 임정로 11길 4
전화	02-701-5003
팩스	0505-903-5003
전자우편	admin@yibooks.co.kr

© 이동은·한규원(필움), 2023
ISBN 979-11-979285-7-4 74710
     979-11-979285-8-1 (세트)

- 이 책은 저작권법에 의해 보호를 받으며 본사의 허락없이 복제 및 스캔 등을 이용해 무단으로 배포할 수 없습니다. 책의 내용을 재사용하려면 반드시 동의를 구해야 합니다.
- 잘못된 책은 구매처에서 교환해 드립니다.

초등쌤이 알려주는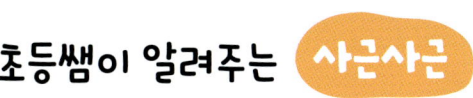

사자성어의 비밀

작가의 말

　학교생활에서 작은 일에 좌절하는 친구들에게 "인생은 새옹지마야"라며 이야기를 해주곤 합니다. 새옹지마 속 옛이야기를 들려주고 그 속에서 함께 교훈을 찾아가다 보면 아이들은 이야기에 빠져들고 교훈이 함축적으로 들어간 네 글자를 마음속에 새깁니다. 그리곤 비슷한 상황에 부딪힐 때 아이들 스스로 "인생은~새옹지마~"라고 말하며 어려움을 극복하는 것을 볼 수 있었습니다.

　우리가 아이들에게 해주고 싶은 많은 인생의 이야기들이 사자성어 속에 있습니다. 사자성어를 통해 인간관계의 기술을 배울 수 있고 노력의 중요성을 알 수 있습니다. 백 번 잔소리하는 것보다 아이들이 사자성어를 교훈 삼아 스스로 깨닫는다면 가치 있는 행동을 하는 데 원동력이 될 것입니다.

　초등 전 학년에 필수적으로 나오는 사자성어! 그 이유는 무엇일까요? 인생의 많은 화면 속 이야기를 사자성어로 표현함으로써 자신의 상황을 좀 더 함축적이고 비유적으로 설명하는 말하기 능력을 키울 수 있기 때문입니다. 또 사자성어를 이해하면서 한자를 자연스럽게 접하고 많은 어휘의 뜻을 유추하여 어휘력과 독해력을 높이기 때문이죠.

이 책은 사자성어와 관련된 이야기를 네 컷 만화로 쉽고 재미있게 설명하여 그림으로 먼저 사자성어의 뜻을 유추해 볼 수 있습니다. 유추해 본 것을 토대로 초성 퀴즈를 풀며 답을 찾아나가는 과정을 통해 능동적인 학습이 가능해집니다. 중요 네 개의 한자를 따라 쓰면서 한자 학습까지 용이해집니다. 그리고 마지막으로 사자성어와 관련된 국어, 도덕, 사회, 과학 교과 지식을 연계하여 설명해 관련 역사적 인물, 과학 원리, 사회 문화 상식을 학습함과 동시에 지적 호기심을 가지게 됩니다.

이러한 사자성어 학습을 통해 배움의 즐거움을 알고 인생의 어려움을 만날 때 마음속에 새긴 사자성어를 꺼내 보며 툴툴 털고 쉽게 일어날 수 있는 지혜로운 어른으로 성장할 것입니다.

— 작가 이동은, 한규원

차례

1장 동물 주제 사자성어

① 수주대토(守株待兔) 그루터기 ········· 014
② 새옹지마(塞翁之馬) 중국 변방의 소수 민족········· 018
③ 조삼모사(朝三暮四) 원숭이를 반려동물로 키울 수 있을까? ········· 022
④ 화룡점정(畫龍點睛) 용········· 026
⑤ 호가호위(狐假虎威) 여우········· 030
⑥ 일거양득(一擧兩得) 경국대전 호랑이 사냥 포상 내역 ········· 034
⑦ 용두사미(龍頭蛇尾) 짚신 스님 이야기········· 038
⑧ 오비이락(烏飛梨落) 까마귀········· 042

2장 역사 주제 사자성어

① 오월동주(吳越同舟) 춘추시대········· 048
② 맹모삼천(孟母三遷) 맹자········· 052
③ 삼고초려(三顧草廬) 소설 <삼국지>········· 056
④ 사면초가(四面楚歌) <초한지>의 영웅이자 독불장군 항우········· 060
⑤ 수어지교(水魚之交) <삼국지>에서 유래한 사자성어········· 064
⑥ 괄목상대(刮目相對) 중국의 대표 병법서 <손자병법>········· 068
⑦ 난형난제(難兄難弟) 비교와 관련한 사자성어········· 072
⑧ 유언비어(流言蜚語) 가짜 뉴스········· 076

3장 지혜 주제 사자성어

① 결초보은(結草報恩) 순장········· 082
② 과유불급(過猶不及) 호주의 토끼 사냥········· 086
③ 우공이산(愚公移山) 토머스 에디슨········· 090

④ 타산지석(他山之石) 옥……………………………………… 094
⑤ 형설지공(螢雪之功) 반딧불이 …………………………… 098
⑥ 인과응보(因果應報) 윤회 사상 …………………………… 102
⑦ 십시일반(十匙一飯) 국채보상운동 ……………………… 106
⑧ 초지일관(初志一貫) 백범 김구 …………………………… 110

4장 인간 주제 사자성어

① 역지사지(易地思之) 이솝우화 …………………………… 116
② 배은망덕(背恩忘德) 배신과 관련한 사자성어 ………… 120
③ 감언이설(甘言利說) 별주부전 …………………………… 124
④ 이심전심(以心傳心) 텔레파시 …………………………… 128
⑤ 동상이몽(同床異夢) 나당연합 …………………………… 132
⑥ 유유상종(類類相從) 유유상종의 유래 ………………… 136
⑦ 살신성인(殺身成仁) 아우내 독립만세운동 …………… 140
⑧ 죽마고우(竹馬故友) 대나무 ……………………………… 144

5장 관계 주제 사자성어

① 소탐대실(小貪大失) 욕심과 관련한 사자성어 ………… 150
② 임기응변(臨機應變) 나당전쟁 …………………………… 154
③ 외유내강(外柔內剛) 집현전 ……………………………… 158
④ 결자해지(結者解之) 소인배가 대인배 되는 비법 …… 162
⑤ 노심초사(勞心焦思) 전문가가 권하는 스트레스 해소법 10 …… 166
⑥ 청출어람(靑出於藍) 김홍도와 신윤복 ………………… 170
⑦ 군계일학(群鷄一鶴) 아름답다의 어원 ………………… 174
⑧ 동병상련(同病相憐) 뇌섬엽 ……………………………… 178

등장인물

귀여운 오댕

다정한 삐딱곰

배은망덕 다람쥐

죽마고우 토끼

청출어람 고양이 선생님

결자해지 찌기

맹모삼천 삐딱곰 엄마

감언이설 여우 결초보은 새 사면초가 달팽이

호가호위 호랑이 새옹지마 말

형설지공 반딧불이

외유내강 몽덩이 군계일학 학

1장 동물 주제 사자성어

馬
말 마

동물 주제 사자성어 ①

수 주 ㄷ ㅌ

(1) 수주동토   (2) 수주독토   (3) 수주대토

待 기다릴 대

兎 토끼 토

守 지킬 수

株 그루 주

비슷한 사자성어 각주구검(刻舟求劍)
- 판단이 둔하여 융통성이 없고 어리석다는 뜻.

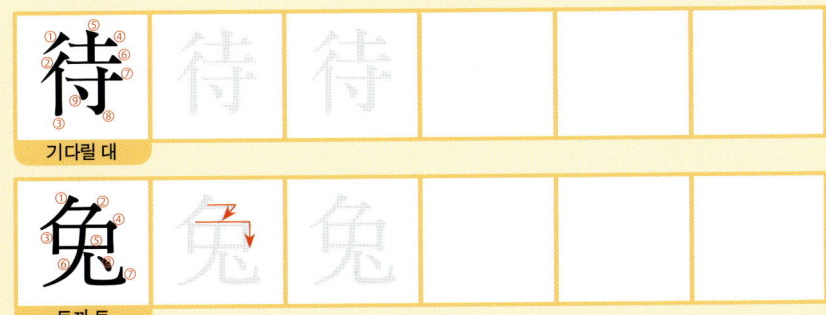

수주대토(守株待兎)   #욕심

"노력은 안 하지만 이루어지겠지!"

열심히 일해서 돈을 모으기보다 로또에 당첨돼서 부자가 되고 싶다는 생각을 해본 적 있나요? 그런 상황에 어울리는 사자성어가 있답니다. 바로 수주대토입니다. 지킬 수(守) 그루 주(株) 기다릴 대(待) 토끼 토(兎) 한자를 사용하는 수주대토의 이야기를 들어봅시다.

옛날 한 농부가 살고 있었답니다. 이 농부는 굉장히 성실하고 농사일을 게을리하지 않는 사람이었죠. 그날도 농부는 열심히 밭을 갈고 있었습니다. 그런데 갑자기 저 멀리서 새하얀 토끼가 깡충깡충 뛰어왔어요. 열심히 뛰어오던 토끼는 나무를 베고 남은 나무의 밑동에 부딪혀 죽어버렸어요. 그 광경을 보고 농부는 신이 났답니다. 그 토끼를 시장에 가서 팔면 꽤 많은 돈을 받을 수 있기 때문이죠. 시장에 가서 토끼를 팔고 집으로 돌아오며 농부는 생각했답니다. '땀을 흘리며 열심히 밭을 경작하고 일할 필요가 없잖아? 토끼가 그루터기에 부딪혀 죽어 시장에 가져다 팔면 부자가 되겠네!' 그날부터 농부는 밭일은 신경도 쓰지 않고 토끼가 오기

만을 목이 빠져라 기다렸습니다. 결국 토끼는 기다려도 나타나지 않았고, 농부는 수확할 것 하나 없는 자신의 밭을 멍하게 쳐다보았습니다.

　공부를 하나도 안 하고 시험을 보다 모르는 문제를 모두 3번으로 찍었더니 점수가 나쁘지 않았어요. 그 후 더 이상 공부를 하지 않고 3번을 찍으며 시험보는 친구가 있다면 그 친구는 지금 '수주대토' 상황에 있는 것이겠죠? 어떤 착각에 빠져서 되지도 않을 일을 계속해서 고집하는 어리석음을 뜻하는 사자성어입니다.

✿ 그루터기

그루터기란, 나무를 베고 남은 밑동을 말한다. 다양한 사투리가 있고, 밑바탕이나 기초를 의미하기도 한다. 충청도는 끝구렁, 경기도는 등거지, 전라도는 그러텅, 강원도는 글겡이, 경상도는 고두베기 등으로 부른다.

동물 주제 사자성어 ②

새 옹 ㅈ ㅁ

(1) 새옹치마 (2) 새옹지마 (3) 새옹주마

馬 말 마

塞 변방 새	塞	塞			
翁 늙은이 옹	翁	翁			

비슷한 사자성어 전화위복(轉禍爲福)
– 화가 바뀌어 오히려 복이 된다는 뜻.

새옹지마(塞翁之馬)   #위기

"인생은 어떻게 될지 아무도 몰라!"

뜻하지 않은 행운, 뜻하지 않은 불행을 겪어 본 적 있나요? 좋아하던 피구를 하다 갑자기 손을 다치고, 아파서 속상할 때 관심있던 친구가 부축해주고 …….

이런 상황에 사용할 수 있는 사자성어가 바로 새옹지마입니다. 변방 새(塞), 늙은이 옹(翁), 어조사 지(之), 말 마(馬) 한자를 사용한 이 사자성어의 이야기를 들어볼까요? 옛날 중국 변방에 한 노인이 살고 있었습니다. 사람들은 그 노인을 변방 어르신 '새옹'이라고 불렀죠. 새옹은 건강하고 좋은 말 한 마리를 키우고 있었는데 갑자기 말이 달아나 버렸습니다. 사람들은 새옹을 위로했어요. 그러나 새옹은 대수롭지 않게 말했습니다. 그러다 며칠 후 달아난 말이 다시 집으로 돌아왔습니다. 마을 사람들은 다행이라며 축하한다고 말했죠. 하지만 며칠 후 새옹의 아들이 그 말을 타다 떨어져 다리를 다쳤어요. 사람들은 아들을 걱정하며 위로의 말을 건넸습니다. 이때도 새옹은 대수롭지 않아 했어요. 그렇게 시간이 흐른 뒤, 오랑캐가 쳐들어와 마을에 있는 남자들은 전쟁터에 나가야

하는 상황이 벌어졌습니다. 하지만 새옹의 아들은 다친 다리 때문에 전쟁터에 나가지 않고 그와 함께 집에 있을 수 있었습니다.

　이처럼 인생의 일은 어떤 식으로 벌어질지 예상하기 어렵답니다. 좋았던 일이 나빠질 수도 있고, 나빴던 일이 좋은 일로 변할 수도 있습니다. 순간의 일이 나의 마음과 다르게 일어나도 인생은 새옹지마라는 말을 마음에 새겨 일희일비(一喜一悲)하지 않고 순간에 집중해보는 건 어떨까요?

중국 변방의 소수 민족

중국은 한족이 인구의 92%를 차지하지만 다양한 민족으로 구성된 다민족국가이다. 대부분의 소수민족은 변방에 흩어져 살고 있는데, 중국 정부는 소수민족들이 다른 나라에 병합되거나 독립하는 것을 막기 위해 수천 년 전부터 국경 지역, 특히 소수민족들이 거주하는 변방에 한족을 이주시켜 소수민족을 한족에 동화시키는 정책을 펼쳤다. 한족들은 소수민족 지역에서도 절반 이상 또는 대다수를 차지하게 되었다. 소수민족에 따라 자신들의 언어를 구사하는 경우도 많지만, 중국어를 쓰는 경우도 많으며, 한족화 때문에 고유 언어를 잃어버리는 경우도 많다.

동물 주제 사자성어 ③

조 삼 ㅁ ㅅ

(1) 조삼모사　　(2) 조삼무사　　(3) 조삼막사

朝	朝	朝			
아침 조					

三	三	三			
석 삼					

비슷한 사자성어 조변석개(朝變夕改) - 아침저녁으로 뜯어고친다는 뜻으로, 계획이나 결정 따위를 일관성이 없이 자주 고침을 이르는 말.

조삼모사(朝三暮四) #이중성

*"오늘 학습지 한 장 푸는 게 힘들다고?
좋아, 그럼 내일 두 장 풀자."*

　아침 조(朝), 석 삼(三), 저물 모(暮), 넉 사(四)의 한자로 이루어진 조삼모사는 한자 그대로 풀이해 보면 '아침에 세 개, 저녁에 네 개'라는 뜻을 가지고 있습니다. 이와 관련된 자세한 이야기를 알아볼까요?

　옛날 중국에 저공이라는 사람이 살았답니다. 저공은 동물 중에서 원숭이를 참 좋아했답니다. 사랑스러운 원숭이일지라도 수십 마리를 키우는 것은 쉽지 않았습니다. 많은 양의 먹이를 주어야 해서 저공은 경제적으로 어려움을 겪었습니다. 결국 원숭이에게 줄 식량이 동나 도토리밖에 남지 않았답니다. 이 도토리는 최소한의 식량이었는데 이것마저 충분치 않아 도토리의 양을 줄여야했습니다. 그래서 원숭이들에게 "아침에는 도토리 세 개, 저녁에는 도토리 네 개를 줄게"라고 했더니 원숭이들이 저녁보다 아침이 적으면 너무 배가 고프다며 소리를 질렀습니다. 이에 저공은 꾀를 부렸습니다. "그래. 그렇다면 아침에는 도토리 네 개, 저녁에는 도토리 세 개를 줄게. 그럼 괜찮지?" 말이 끝나자마자 원숭이들은 좋다고 기뻐했답니다. 아침과 저녁의 도토리 양을 합한 개수는 아까와 달라지지 않았는데 말이죠.

이 사자성어는 당장 눈앞에 보이는 차이만 알고 결과가 같음을 모르는 어리석음을 뜻합니다. 눈앞의 이익에만 주목하면 올바르게 판단할 수 없고, 다른 사람의 말에 현혹되기가 쉽습니다. 따라서 상황을 넓고 크게 보는 지혜가 필요합니다. 원숭이가 "아침과 저녁 도토리를 합쳐서 일곱 개로 똑같은데요!"라고 말했다면 이야기가 달라졌겠죠?

원숭이를 반려동물로 키울 수 있을까?

원숭이는 사람과 생김새도 비슷하고 영리하지만 가깝고도 먼 동물이다. 영장류 중에서 꼬리가 없는 인간이나 유인원을 제외하고 모두 원숭이라고 부를 만큼 종류가 다양하다. 인간과 비슷하지만 인간이 집에서 키우는 것은 매우 어렵다. 야생성이 강하기 때문에 배변 훈련이 불가능하고, 원숭이가 좋아하는 환경 조성도 만만치 않다. 또 사회적 동물이라 집단 생활을 하지 못할 경우 스트레스로 공격성이 강해진다.

동물 주제 사자성어 ④

화 룡 ㅈ ㅈ

(1) 화룡중점   (2) 화룡점정   (3) 화룡장정

龍 용 룡

畫 그림 화					

龍 용 룡					

비슷한 사자성어 정문일침(頂門一鍼) - 정수리에 침 하나를 꽂는다는 뜻으로, 정곡을 찌르는 말로 비판하는 행동.

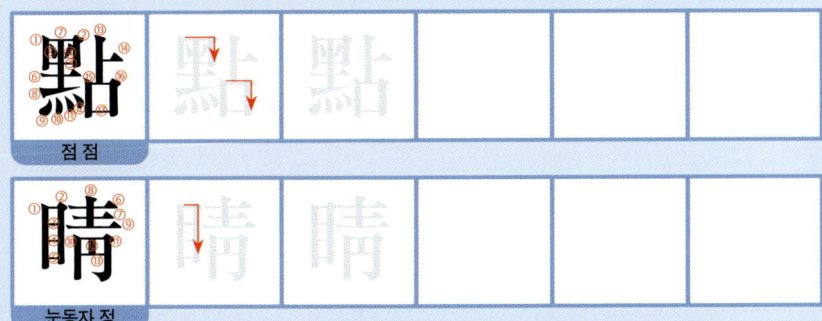

화룡점정(畫龍點睛) #뛰어남

"마지막 화룡점정을 찍었네요!"

그림 화(畫), 용 룡(龍), 점 점(點), 눈동자 정(睛). 용 그림을 그린 뒤 눈동자에 점을 찍어 그림을 완성한다는 의미의 사자성어입니다. 용은 전설 속 상상의 동물입니다. 옛날 우리나라에서 용은 물의 신, 바다의 신과 같은 존재였습니다. 그래서 가뭄이 들면 용의 모습을 그림으로 그려 놓고 비를 내려달라는 제사를 지내곤 했답니다. 우리가 생각하는 용맹하고 무서운 용의 모습에서 가장 중요한 부분이 무엇일까요?

옛날 중국 양나라에 그림을 매우 잘 그리는 장승요라는 사람이 살았답니다. 그의 그림 실력이 소문이 나 절의 벽면에 용을 그려달라는 부탁을 받게 되었습니다. 장승요는 훌륭한 솜씨로 용의 모습을 완성해 갔습니다. 사람들은 장승요 옆에 와 점점 모습이 갖춰지는 용을 감탄하며 구경했습니다. 그런데 용을 거의 완성하였음에도 용의 눈을 그리지 않았어요. 사람들은 의아하며 물었습니다. 장승요는 이렇게 답하였습니다. "눈을 그리면 용이 하늘로 올라갈 버릴 것입니다." 사람들은 그 말을 듣고도 믿지 않고 용의 눈을 그려달라고 재촉했어요. 결국 장승요가 용의 눈을 그려 넣는 순간 용이 벽면에서 나오더니 하늘로 솟아 올라가 버렸습니다. 그때부터 중요한 일의 마지막 마무리를 한다는 뜻의 화룡점정이라는 사자성어가 생겼습니다.

용의 얼굴에서 가장 중요한 것은 '눈'입니다. 용 그림을 그린 뒤 가장 중요한 눈동자에 점을 찍어 완성한다는 이 사자성어를 통해 열심히 노력한 것이 성과를 잘 이룰 수 있도록 마지막 마무리를 잘해야 한다는 교훈도 얻을 수 있답니다.

용

동양의 용은 영험하고 신비로운 이미지로, 십이간지 중 유일하게 현실에서 볼 수 없는 상상의 동물이며 왕의 상징이다. 반면 서양에서는 공룡의 몸에 날개가 달린 악당의 이미지로, 용을 물리친 사람은 영웅이 된다.

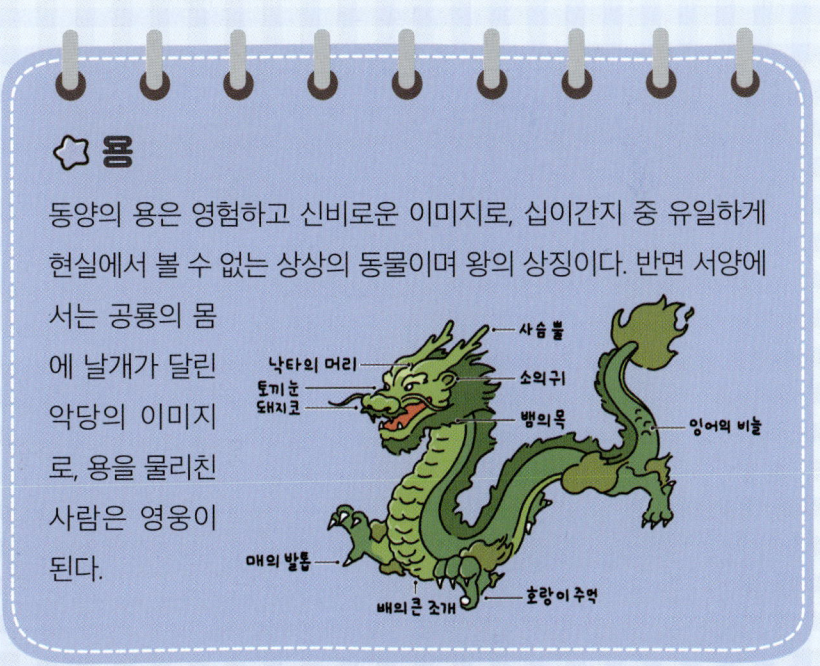

동물 주제 사자성어 ⑤

호가 ㅎ ㅇ

(1) 호가호약   (2) 호가호익   (3) 호가호위

虎 범 호

狐 여우 호					

假 빌릴 가					

비슷한 사자성어 차호위호(借虎威狐)
- 범의 권세를 빌어 여우가 위엄을 부린다는 의미.

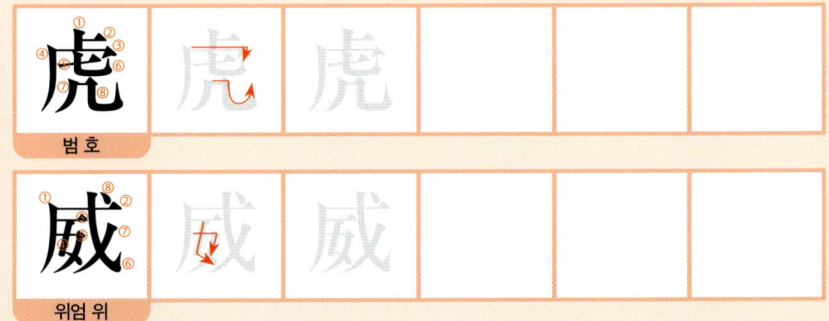

호가호위(狐假虎威) #횡포

"우리 엄마아빠가 어떤 사람인지 알아?"

부모님의 지위나 재산을 등에 업고 같은 반 친구들에게 함부로 대하는 경우를 본 적 있나요? 같은 나이이고, 같은 학생이면서 부모님의 경제력이 더 우월하다고 자신이 더 잘난 것인 양 생각하며 행동하는 것이죠. 이런 경우 적합한 사자성어가 바로 호가호위입니다.

호가호위는 여우 호(狐), 빌릴 가(假), 범 호(虎), 위엄 위(威) 여우가 호랑이 위엄을 빌린다는 뜻을 가지고 있습니다. 숲속에서 물을 마시고 있는 여우를 본 호랑이는 여우를 잡아먹으려고 하였습니다. 여우는 잔꾀가 많은 동물이라 위기를 모면하기 위해 꾀를 부렸죠. 호랑이에게 이렇게 말했답니다. "나는 하늘이 지명한 모든 동물의 왕이야! 나를 잡아먹으면 천벌을 받을 것이야!" 그러자 호랑이는 비웃으며 그 말을 믿지 않았죠. 여우는 못 믿겠다면 자기를 따라와 보라며 말했습니다. 자기를 보면 모든 동물들이 무서워하며 도망갈 것이라면서요. 호랑이는 반신반의하며 여우의 뒤를 따라 걷기 시작했습니다. 그런데 정말로 숲속에 있는 동물들이 여우를 보자 쏜살같이 달아나 버리는 것이 아니겠어요? 호랑이는 그 광경을 보고 화들짝 놀랐습니다. 그리곤 여우를 잡아먹지 못하고 도망갔습니다. 사실 다른 동물들이 달아난 것은 여우 때문이 아니라 여우 뒤에서 걷고 있는 호랑이 때문이었는데 말이죠.

이처럼 호가호위는 자신의 것이 아닌 남의 능력, 지위를 내세워 거만하게 으스대는 것을 비꼬는 말입니다. 자기 것이 아닌 것에 의존하다 보면 정작 자기 자신은 없는 삶을 살아가게 될 것입니다. 그러니 호가호위 하지 말고 자기에게 집중하고 겸손하게 사는 태도가 중요합니다.

여우

개과에 속하는 소형 포식동물. 흔히 우리가 부르는 불여우는 붉은 여우이며 암컷보다 수컷이 미세하게 크다. 한국을 비롯해서 전세계적으로 가장 널리 퍼졌고 여우 무리를 대표하고 있다.

동물 주제 사자성어 6

일거 ㅇ ㄷ

(1) 일거양득   (2) 일거양달   (3) 일거양두

兩 두 양

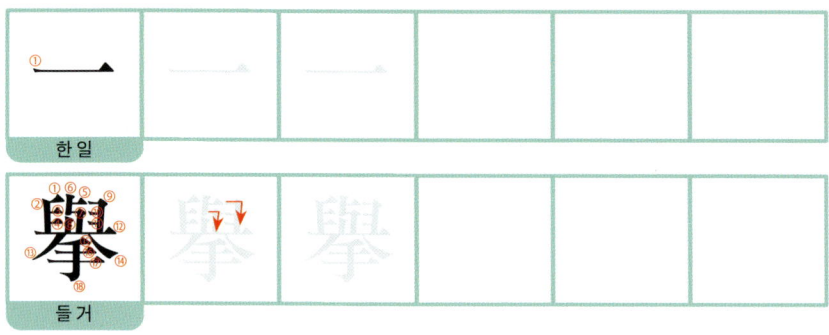

一 한 일

擧 들 거

비슷한 사자성어 일석이조(一石二鳥)
- 한 개의 돌을 던져 두 마리의 새를 잡는다.

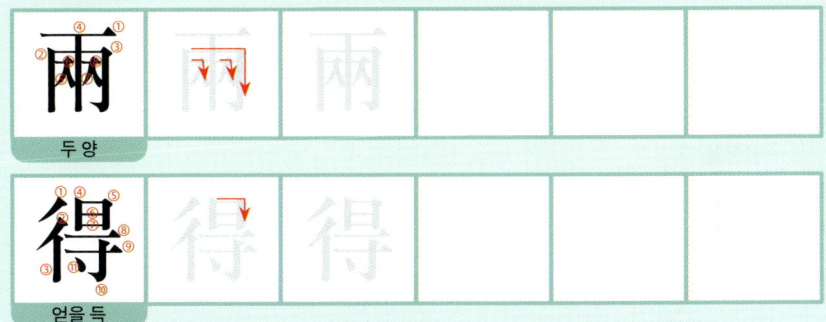

일거양득(一擧兩得)   #행운

"마음도 뿌듯하고 맛있는 것도 얻어먹고!"

　서준이는 집에 가는 길에 우연히 울고 있는 도윤이를 만났습니다. 걷다가 넘어져 울고 있었던 거예요. 그런 도윤이를 지나치지 않고 부축해 집까지 데려다줬어요. 상황을 들은 도윤이 엄마는 서준이에게 정말 고맙다며 맛있는 음식을 차려 주었죠. 서준이는 그 음식을 먹고 집으로 돌아가면서 '친구를 도와줬더니 마음도 뿌듯하고 맛있는 음식도 얻어먹게 되었네!' 라고 생각했죠. 이런 상황을 바로 일거양득이라고 합니다.

　일거양득은 한 일(一), 들 거(擧), 두 양(兩), 얻을 득(得)으로 한 번에 두 가지 이익을 얻는다는 뜻을 가지고 있습니다. 옛날 힘이 아주 센 남자가 있었습니다. 숲에서 동물을 사냥하여 시장에 팔 정도로 힘이 셌죠. 어느 날 소란스러운 소리가 들려 밖으로 나가 보니 아주 무시무시한 광경이 펼쳐지고 있었습니다. 바로 호랑이 두 마리가 서로 소를 잡아먹겠다고 싸우고 있었어요. 남자는 '저 두 마리 싸우면 힘이 약한 호랑이는 죽게 될 것이고, 다른 호랑이는 큰 상처를 입게 될 테니 그때 호랑이를 잡으면 두 마리 모두 잡을 수 있겠군'이라고 생각하고 싸움이 끝날 때까지 기다렸어요. 결국 사냥꾼은 한 번에 두 마리의 호랑이를 잡아 시장에 팔 수 있게 되었죠.

옛이야기처럼 한 가지의 일을 하여 두 가지 이익을 얻는 경우를 우리 생활 속에서 종종 볼 수 있습니다. 공부를 열심히 했더니 성적도 오르고, 내가 좋아하는 친구가 나에게 관심을 보이기도 하죠. 이처럼 작은 일이라도 소홀히 하지 않고 열심히 하다 보면 좋은 일들이 여럿 생길 수 있답니다.

경국대전 호랑이 사냥 포상 내역

조선 시대의 법전 경국대전에는 호랑이 사냥에 대한 포상 내역이 자세히 기록되어 있다. 한 고을에서 호랑이 열 마리를 사냥하면 품계를 올려 준다는 기록을 보면 열 마리 이상의 호랑이를 잡는 것은 어려운 일이었음을 알 수 있다. 또 용감하게 먼저 공격을 해서 사냥에 성공한 군인의 품계를 올려주었다.

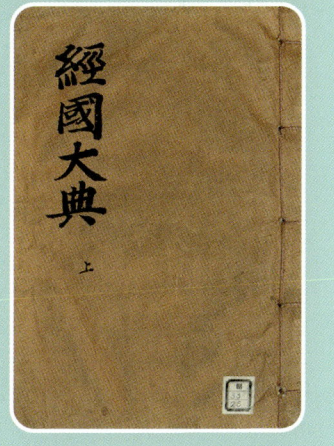

동물 주제 사자성어 7

용 두 ㅅ ㅁ

(1) 용두사무   (2) 용두사미   (3) 용두사막

龍 용 용

蛇 뱀 사

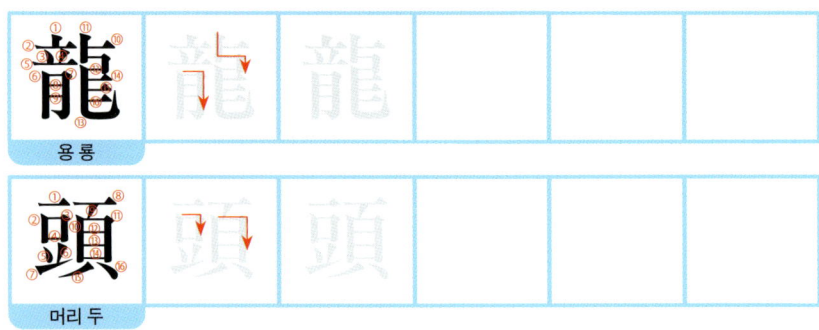

龍 용 룡

頭 머리 두

비슷한 사자성어 유야무야(有耶無耶)
– 있는 듯 없는 듯 흐지부지한 모습.

용두사미(龍頭蛇尾)   #경박

"시작만 멋졌다……!"

계획을 멋지게 세웠지만 실행하지 못한 경험이 있나요? 이런 상황에 딱 맞는 사자성어는 바로 용두사미입니다. 용두사미는 용 용(龍), 머리 두(頭), 뱀 사(蛇), 꼬리 미(尾)의 한자로 '용의 머리처럼 창대하게 시작하지만 뱀의 꼬리처럼 미약하게 끝난다'는 뜻을 가지고 있습니다. 이와 관련된 옛이야기를 들어볼까요?

옛날 중국에 진존자라는 스님이 살고 있었습니다. 스님은 깨달음을 얻고자 여행을 떠났고, 수행 길에서 다른 스님을 만났습니다. 진존자가 먼저 인사를 하며 배움을 나누려고 하자, 그 스님은 버럭 소리를 질렀습니다. 도를 많이 닦아서 높은 위치에 있는 분이라고 생각하고 다시 한번 가르침을 청했지만, 대화를 거부하고 호통만 칠 뿐이었죠. 이에 진존자는 어쩌면 그가 겉보기에는 수행이 깊고 훌륭해 보이지만 속내는 그렇지 않은 사람일지도 모른다고 생각하여 큰소리를 친 이유에 대해서 말해달라고 했습니다. 그러자 스님은 슬그머니 자리를 피해서 도망치기 시작했습니다. 큰소리로 호통을 치면 다들 높은 사람인 줄 알고 알아서 자세를 낮

추기 마련인데 진존자는 그렇지 않았기 때문이죠. 기세 좋게 큰소리를 치다가 마지막엔 꼬리를 슬그머니 감추고 도망가는 모습을 보고 사람들은 처음엔 용의 머리 같더니 나중엔 뱀의 꼬리처럼 도망간다고 비웃었습니다.

 영화나 드라마를 보면 처음 앞부분은 정말 재미있고 잘 만들었다는 생각이 들었는데 뒷부분으로 갈수록 개연성이 떨어지고 점점 재미가 없어지는 경우가 있죠? 시작은 좋았으나 끝이 흐지부지되지 않도록 끈기를 가지고 마무리를 잘하는 것은 굉장히 중요합니다.

짚신 스님 이야기

진종숙 혹은 진종자로 알려진 스님은 도인으로 명성이 자자한데도 절에서 살지 않았다. 큰 절에 있으면 엄청난 예우를 받을 수 있음에도 다 허물어진 집에서 허름한 승복을 입고 짚신을 만들면서 생계를 이어갔다. 그리고 여분의 짚신은 대문 앞에 걸어 놓고 오가는 나그네에게 그냥 나누어 주었다. 그가 이렇게 사는 이유는 대접받는 것 자체가 빚이라고 생각했기 때문이다.

동물 주제 사자성어 8

오비 ㅇ ㄹ

(1) 오비이락   (2) 오비오락   (3) 오비영락

落
떨어질 낙

烏 까마귀 오

飛 날 비

비슷한 사자성어 과전이하(瓜田李下) - 오이밭과 오얏나무 밑. 남의 의심을 받기 쉬운 일은 하지 말라는 말.

오비이락(烏飛梨落)   #오해

"내가 그런 게 아니야! 우연의 일치라고!"

영민이는 어린 동생이 있답니다. 가끔 투덕거리며 싸우지만 영민이는 동생을 참 아끼고 좋아한답니다. 그런데 어느 날 엄마가 잠시 외출한 사이 영민이와 동생은 한 장난감을 놓고 서로 먼저 가지고 놀겠다고 이야기하고 있었어요. 영민이는 아무것도 안 했는데 동생이 갑자기 발을 헛딛고 넘어져 울음이 터지고 말았답니다. 마침 집에 돌아온 엄마는 영민이가 밀었다고 오해하고 말았죠. 이런 상황을 바로 오비이락이라고 합니다.

오비이락은 까마귀 오(烏), 날 비(飛), 배나무 이(梨), 떨어질 락(落)으로 까마귀가 날자 배 떨어진다는 우리나라 속담을 한자로 표현한 말입니다. 까마귀는 그냥 하늘을 난 것뿐인데 그와 동시에 배가 떨어졌다면 그걸 본 사람들은 까마귀가 배를 떨어뜨렸다고 생각하겠죠? 그냥 우연의 일치일 뿐인데 말이죠. 옛날에 큰 배나무 밑에 뱀이 똬리를 틀고 쉬고 있었어요. 그때 마침 까마귀가 배나무 위를 날아가는데 아주 큰 배가 떨어져 뱀이 죽고 말았죠. 우연의 일치였는데 이를 오해한 뱀과 억울한 까마귀는 그때부터 사이가 좋지 않았다고 합니다.

 살다 보면 오비이락처럼 말로 설명할 수 없는 우연의 일이 생기기도 한답니다. 억울하게 의심받기도 하고 난처한 위치에 서게 될 때가 있죠. 이럴 땐 '바로 지금이 오비이락이구나……'라고 생각하고 자신의 입장을 차분히 설명한 후 지혜롭게 넘기는 태도를 가진다면 훌륭한 어른으로 성장할 수 있습니다.

까마귀

한국 전역에 걸쳐 번식하는 텃새다. 알을 낳는 시기는 3월 하순~6월 하순이고, 1년에 한 차례 4~5개의 알을 낳는다. 암컷이 알을 품는 동안 수컷은 암컷에게 먹이를 날라 먹인다. 까마귀의 집단은 리더가 없는 단순한 집합체인데, 이 때문에 '오합지졸(烏合之卒)'이라는 말이 생겼다. 또 까마귀는 농작물에 피해를 주는 경우가 많지만 영리해서 피해를 막는 데 어려움을 겪는다.

2장
역사 주제 사자성어

역사 주제 사자성어 ①

오 월 ㄷ ㅈ

(1) 오월두주   (2) 오월돼지   (3) 오월동주

舟 배 주

吳					
오나라 오					
越					
월나라 월					

비슷한 사자성어 동주상구(同舟相救) - 같은 배를 탄 사람끼리 서로 돕는다는 뜻으로, 같은 운명이나 처지에 놓이면 서로 돕게 됨.

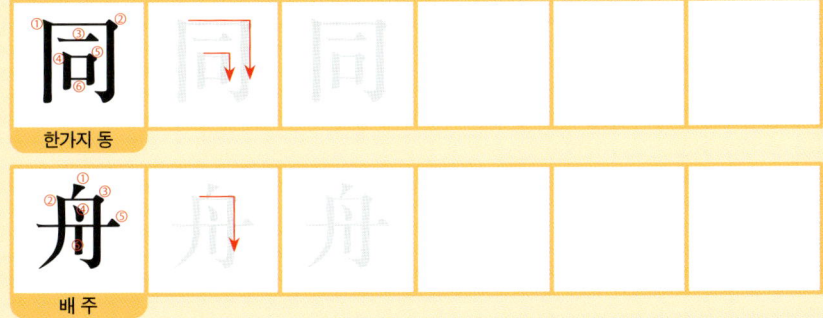

오월동주(吳越同舟) #협력

"싸우던 것은 잠깐 멈추자!!"

　사이가 안 좋았던 친구인데 어떤 계기로 친해진 적이 있나요? 오월동주는 오나라 오(吳), 월나라 월(越), 한가지 동(同), 배 주(舟)로 오나라와 월나라가 한배를 탔다는 뜻을 가지고 있습니다. 역사 속 오월동주의 이야기를 함께 들어보도록 합시다. 옛날 중국의 춘추시대 때 오나라와 월나라는 잦은 전쟁으로 사이가 좋지 않았습니다. 당연히 오나라와 월나라 사람들은 서로에 대해 좋지 않은 감정을 가지고 있었죠. 어느 날 두 나라의 경계가 되는 양쯔강에서 오나라, 월나라 사람들 십여 명이 같은 배를 타고 있었습니다. 서로에 대해 수군거리며 긴장된 분위기가 형성되었죠. 그런데 갑자기 하늘이 어두워지더니 심상치 않은 바람이 불기 시작했습니다. 그러다 비가 폭포처럼 쏟아지고 큰 파도가 배를 덮치는 상황까지 발생했죠. 배가 곧 뒤집히기 일보 직전 오나라와 월나라 사람들은 어떻게 했을까요? 서로 힘을 합쳐 돛대에 달려들어 풍랑에 맞서 돛을 펼쳤고, 배는 뒤집히지 않고 안정을 되찾았답니다. 이처럼 사이가 안 좋은 사이라도 똑같이 어려운 상황에 놓이게 되면 서로 도와 위기를 헤쳐 나가기 위해 노력한다는 의미의 사자성어 오월동주가 생겨났습니다.

　오월동주는 원수 사이라도 위기가 닥치면 서로 도와 힘을 합치게 된다는 의미를 갖고 있습니다. 서로에 대한 미움이라는 감정보다 더 중요한 가치들이 있기 때문이죠. 위험한 순간이 생기지 않더라도 다른 사람을 미워하는 것에 많은 에너지를 쏟기보다 서로를 이해하고 함께 중요한 문제들을 해결하는 것에 에너지를 쏟는 사람으로 성장하면 좋겠습니다.

🌸 춘추시대

춘추시대에는 주나라의 권위가 무너진 자리에 강력한 군사력을 가진 패자(힘을 가진 자)가 등장해 중원의 정치를 좌우했다. 다섯 사람의 유명한 패자 '춘추 5패'가 있었고, 각국은 독자적인 영역 국가로 성장했다. 최초의 패권을 가진 제나라와 가장 강한 힘을 가진 진나라와 초나라, 양쯔강 밑에 오나라와 월나라가 인접해 있었다.

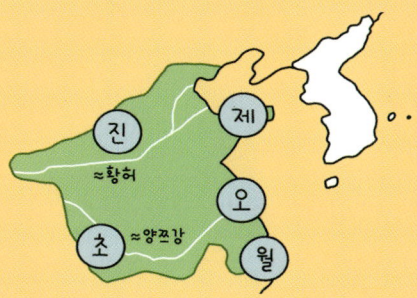

역사 주제 사자성어 2

맹모

(1) 맹모삼촌　(2) 맹모삼천　(3) 맹모삼총

母
어미 모

맏이 맹

어미 모

비슷한 사자성어 근묵자흑(近墨者黑)
- 나쁜 사람을 가까이하면 그 버릇에 물들기 쉬움.

"같은 쌍둥이인데 이렇게 다르다니!"

혹시 인터넷이나 텔레비전에서 이런 뉴스 기사를 본 적이 있나요? 쌍둥이 자매가 신생아 때 각자 다른 가족에게 입양이 되었다가 몇십 년이 흐른 뒤 우연히 만나게 된 사연 말이죠. 일란성 쌍둥이라 비슷한 외모를 갖고 있었으나, 자라온 환경에 따라 삶의 방식은 전혀 다른 모습이었습니다.

이와 관련된 사자성어가 있습니다. 바로 맹모삼천입니다. 맏이 맹(孟), 어미 모(母), 셋 삼(三), 옮길 천(遷)으로 맹자의 어머니가 세 번 집을 옮긴다는 뜻을 가지고 있습니다. 왜 집을 세 번이나 옮겼는지 역사 속 이야기를 들어볼까요? 맹자는 어렸을 적 아버지를 일찍 여의고 어머니 밑에서 자랐습니다. 어머니는 어려운 형편에도 맹자의 교육에 힘썼죠. 처음 정착한 곳은 공동묘지 근처였습니다. 그랬더니 맹자가 구덩이를 파고 장례 치르는 흉내만 내며 지내는 게 아니겠어요? 그것을 본 어머니는 이곳은 아이를 키우기 좋은 환경이 아니라는 걸 깨닫고 시장 근처로 이사를 하였습니다. 이번에는 글공부는 하지 않고 매일 흥정하는 시장 놀이를 했습니다. 맹자의 어머니는 다른 중요한 가치를 놓치고 있다고 생각하여 서당 옆으로 이사를 갔습니다. 그러자 맹자는 서당놀이를 하며 글 읽는 시늉을 하며 시간을 보냈답니다. 그 모습을 본 어머니는 안심하고 기뻐했습니다.

사람은 주변 환경의 영향을 많이 받을 수밖에 없답니다. 꼭 집을 옮기는 것이 아니더라도 나에게 좋은 에너지를 주는 환경은 필요합니다. 나를 깎아내리고 비난하는 친구들이 주변에 있다면 나를 격려해 주고 나를 위해주는 사람들과 더 많은 시간을 보내는 것만으로도 맹모삼천을 행할 수 있을 것입니다.

맹자

춘추시대 후반부인 전국시대의 철학자이자 정치 사상가로 본명은 맹가이다. 맹자는 의(義)를 강조하여 인(仁)의 위치에 같이 놓아둠으로써 인을 중시하는 공자의 사상을 보충하고 발전시켰다. '권력자는 백성들을 위해 정치해야 하고, 백성들은 부당한 권력을 휘두르는 권력자에게 저항한다'는 의로움(義)의 개념은, 사람다움(仁)을 지키기 위해 마땅히 가야 할 길로 여겨져서 맹자를 대표하는 핵심 사상이 된다.

삼 고 ㅊ ㄹ

(1) 삼고초려   (2) 삼고추락   (3) 삼고초라

오두막집 려

석 삼

돌아볼 고

▎비슷한 사자성어   예현하사(禮賢下士)
- 임금이나 대신이 어진 이를 예의와 겸손으로 대하다.

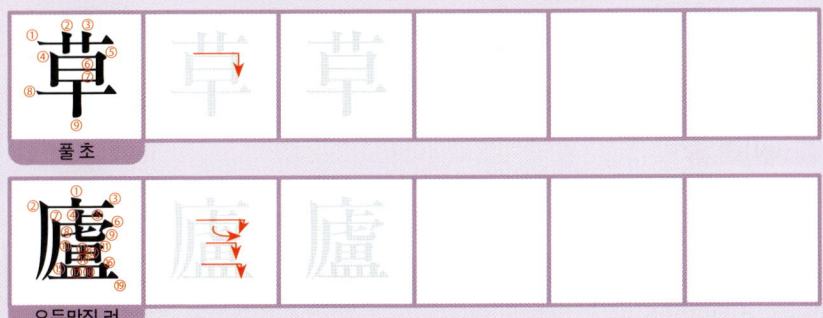

삼고초려(三顧草廬) #인재

"값진 것을 얻으려면 이 정도의 노력은 해야지!"

간절히 원하는 사람 또는 물건, 상황을 얻기 위해 어떤 노력을 해보았나요? 민준이는 반에서 제일 수학을 잘하는 수호를 자기 팀으로 데리고 오기 위해 애썼죠. 그런데 수호는 쉽게 대답해주지 않았답니다. 민준이는 포기하지 않고 쉬는 시간에도, 방과 후에도 수호를 찾아가 설득하고 부탁하였답니다. 결국 민준이의 노력과 진심으로 수호는 민준이네 팀에 합류했습니다.

이런 상황을 삼고초려라고 합니다. 석 삼(三), 돌아볼 고(顧), 풀 초(草), 오두막집 려(廬)로 오두막집을 세 번이나 돌아본다는 뜻을 가지고 있습니다. 이와 관련된 <삼국지> 이야기를 알고 있나요? 유비, 관우, 장비는 눈보라를 뚫고 힘겹게 언덕을 오르고 있었답니다. 바로 제갈량의 오두막집을 찾아가기 위해서입니다. 유비는 전투에서 잦은 패배로 많은 군사를 잃었습니다. 관우와 장비가 있긴 했지만, 훌륭한 전략 없이는 이기기 어려운 상황이었죠. 그런 유비에게 제갈량은 필요한 전략가이자 인재였습니다. 힘겹게 제갈량의 집에 도착했으나 제갈량은 없었고 다시 돌아가야 하는 상황에 부닥쳤습니다. 며칠이 지나고 유비는 포기하지 않고 다시 한 번 제갈량의 집에 찾아갔답니다. 그런데 이번에도 제갈량은 없었죠. 그 이후 세 번째로 제갈량의 집에 찾아갔을 때 제갈량을 만날 수 있었고 세 번이나 찾아온 유비의 정성에 제갈량은 감동하여 유비와 함께하기로 결심했답니다.

 간절하게 원하면 이루어진다는 말을 알고 있나요? 간절히 원하고 이를 이루기 위해 최선을 다하면 그것이 현실로 나타날 수 있답니다. 바로 유비처럼 말이죠. 유비는 이런 지혜로움 덕분에 더 큰 것을 이룰 수 있게 되었답니다. 원하는 것이 있을 때 인내심을 가지고 삼고초려 하는 마음으로 노력해 보는 건 어떨까요?

소설 <삼국지>

소설 삼국지는 600년 이상 동아시아 최고 고전이자 독보적인 역사 베스트셀러이다. 내용을 간단히 정리하면, 부패한 정치로 고통받던 중국 후한 말 황건적의 난이 발생한다. 이후 각지에서 나타난 영웅들이 각축전을 벌이고, 조조의 위, 유비의 촉, 손권의 오나라가 삼국을 형성한다. 이들이 각각 삼국통일을 위해 패권 다툼을 벌이다가 마침내 위를 계승한 진나라가 삼국을 통일한다.

역사 주제 사자성어 ④

사 면 ㅊ ㄱ

(1) 사면축구   (2) 사면초가   (3) 사면처가

넉 사

낯 면

비슷한 사자성어 진퇴양난(進退兩難)
- 이러지도 저러지도 못하는 곤란한 처지.

 **사면초가(四面楚歌)**　#위기

"위급한 순간에 내 편은 없어!"

　위급한 순간 주변 모든 사람이 나에게서 등을 돌린다면 어떤 기분이 들까요? 들판에서 양을 지키고 있던 양치기 소년은 평화롭기만 한 하루하루가 너무 심심해서 사람들에게 장난을 치기로 했어요. 바로 늑대가 나타났다고 거짓말하는 것이었죠. 늑대가 나타났다는 다급한 소리를 들은 마을 사람들은 깜짝 놀라 달려왔죠. 하지만 늑대는 없고 히죽히죽 웃고 있는 양치기 소년만 있을 뿐이었죠. 한참 후 지루한 양치기 소년은 또 늑대가 나타났다고 거짓말을 했고 마을 사람들은 다시 달려왔다가 거짓말인 걸 알고 화를 냈죠. 하지만 진짜 늑대가 나타났을 때 소년이 아무리 다급히 소리쳐도 마을 사람들은 아무도 도와주러 오지 않았어요. 양치기는 결국 모든 양을 늑대에게 잃고 말았답니다. 이처럼 양치기 소년은 거짓말을 한 대가로 아무도 도와주지 않는 사면초가 상황에 놓인 것이죠.

　사면초가는 넉 사(四), 낯 면(面), 초나라 초(楚), 노래 가(歌)로 사방이 초나라 노랫소리로 가득하다는 뜻입니다. 초나라 항우와

한나라의 유방이 전쟁할 때의 이야기입니다. 한나라 군대가 항우를 둘러쌌을 때 유방은 포로로 잡은 초나라 군인들에게 초나라 고향의 노래를 부르라고 명령하였습니다. 사방에서 구슬픈 고향의 노래가 들리자 항우의 군대는 고향 생각에 사기가 떨어져 하나둘 도망가고 말았죠.

이 사자성어는 아무에게도 도움을 받지 못하는 외롭고 곤란한 상황에 사용됩니다. 또는 어려운 상황을 해결할 방법이 없을 때도 사면초가라 말할 수 있습니다.

〈초한지〉의 영웅이자 독불장군 항우

항우는 아랫사람들의 말을 듣지 않는 독불장군으로 유명했다. '금의환향(錦衣還鄉)'이라는 사자성어도 항우에게서 유래됐다. 항우의 신하들이 항우에게 진나라의 수도인 함양에서 황제의 자리에 올라 천하를 다스리라고 권했으나 "내 고향인 초나라 땅에 가서 내가 황제의 자리에 올랐음을 자랑하고 싶다. 이는 비단옷(금의)을 입고 고향에 가는 셈(환향)이다"라고 거절하였다. 지리적으로 중요한 함양을 수도로 삼지 않고 고향 마을을 도읍으로 삼고자 하는 항우의 고집을 꺾을 수 없었다.

역사 주제 사자성어 5

수 어 ㅈ ㄱ

(1) 수어지교　(2) 수어주교　(3) 수어작교

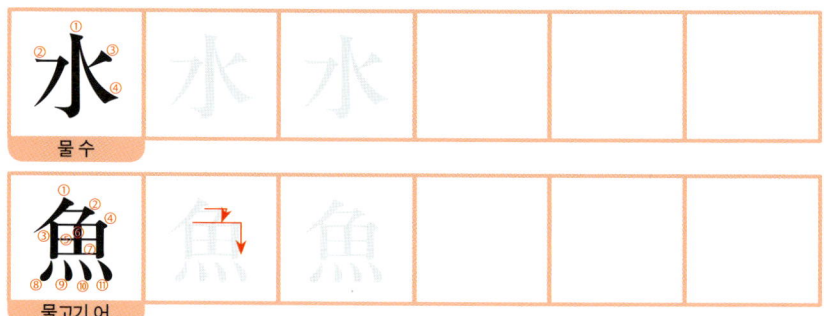

비슷한 사자성어 관포지교(管鮑之交)
- 우정이 아주 돈독한 친구 관계.

수어지교(水魚之交) #의리

"너랑 나는 떨어질 수 없는 제일 친한 친구야!"

혹시 물고기의 절친을 아나요? 물고기와 공생 관계에 있는 산호초나 말미잘도 있고, 꽃게 이런 동물들도 떠올릴 텐데요. 가장 중요한 절친은 바로 물입니다. 물고기와 물은 아주 서로에게 꼭 필요한 떨어질 수 없는 사이죠.

수어지교는 물 수(水), 물고기 어(魚), 어조사 지(之), 사귈 교(交)로 물과 물고기와 사귐이라는 뜻을 가지고 있습니다. 유비가 제갈량을 신하로 삼는 삼고초려 이야기 기억하죠? 수어지교는 삼고초려 이야기와 이어지는 내용이랍니다. 유비는 제갈량을 굳게 믿으며 함께 보내는 시간이 매우 많아졌습니다. 당시 유비는 40대 중반, 제갈량은 20대 후반이었다고 합니다. 그럼에도 유비는 제갈량을 스승처럼 깍듯이 대했어요. 하지만 유비에게는 의로운 관우와 용감한 장비라는 의형제가 있었습니다. 이들이 복숭아 나무 밑에서 '도원결의(桃園結義)' 하는 모습은 삼국지의 가장 유명한 장면이기도 하죠. 동생 둘은 형님 유비가 나이 어린 제갈량에게 깍듯한 것이 못마땅했습니다. 그러자 유비는 제갈량을 얻은 것은 '물고기가 물을 얻음'이나 마찬가지라고 말하죠. 소중한 한 명의 친구만 있어도 성공한 것이라는 말이 있답니다. 서로를 필요로 하는 좋은 사람을 찾고 자기도 좋은 사람이 되어 수어지교 한다면 그것보다 행복한 삶이 있을까요?

<삼국지>에서 유래한 사자성어

난공불락(難攻不落) 제갈공명이 위나라를 공격할 때 학소가 지키고 있는 진창성이 쉽사리 빼앗기지 않자 감탄한 데서 유래된 난공불락은 해결이 어렵다는 의미로 사용한다.

칠종칠금(七縱七擒) 제갈량은 자신의 지략을 이용하여 맹획을 사로잡았지만 또 풀어주었다. 이렇게 하기를 일곱 번 반복하자 맹획은 제갈량에게 마음속으로 복종하여 부하 되기를 자청했다.

호부견자(虎父犬子) 유비와 유선을 보고 호부견자라고 하여 훌륭한 아버지 밑에 못난 아들이라고 비웃으며 만들어낸 말.

파죽지세(破竹之勢) 위·촉·오 삼국의 영웅들이 죽고, 위는 진이라고 이름을 바꾸고 삼국통일의 대업을 앞두고 있었다. 마지막 과제로 오나라를 정벌해서 대업을 이루려고 했으나 신하들은 계절 등을 문제삼아 정벌을 미루고라고 권했다. 그러나 대장군 두예가 '병사들의 사기가 대나무를 쪼갤 기세'라며 출정을 강행하여 오나라의 항복을 받고 통일을 이뤘다.

역사 주제 사자성어 6

괄목 ㅅ ㄷ

(1) 괄목상대　　(2) 괄목수다　　(3) 괄목상도

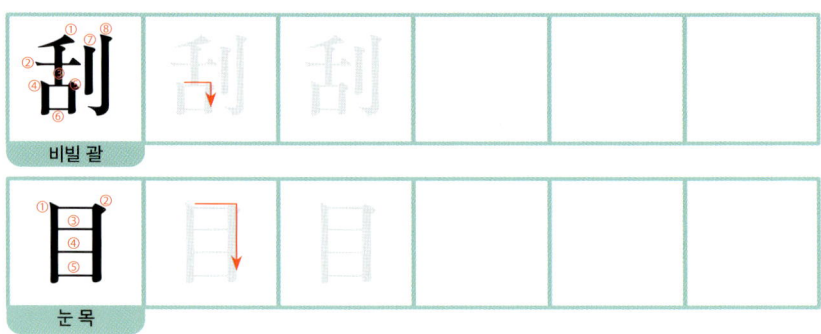

비슷한 사자성어 일취월장(日就月將)
– 나날이 다달이 자라거나 발전한다는 의미.

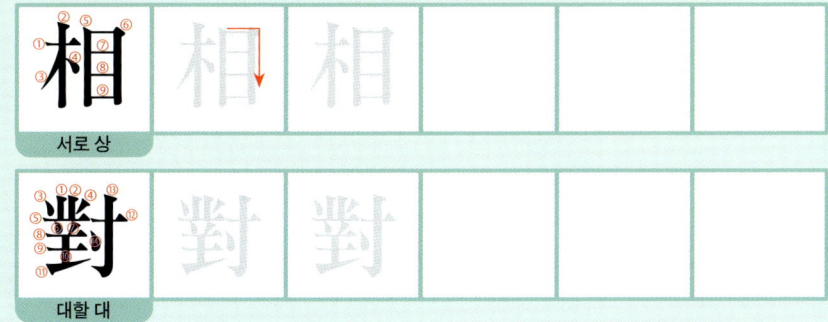

괄목상대(刮目相對)　#성장

"언제 이렇게 실력이 늘었어?!"

서윤이는 줄넘기가 어렵습니다. 학교에서 줄넘기 급수제를 한다고 줄넘기 연습을 하는데 서윤이가 못하는 모습을 보고 친구들이 비웃었습니다. 서윤이는 집에 가서 결심했습니다. 열심히 연습해서 줄넘기 실력을 올리겠다고요! 그리고 며칠 후, 모든 친구 앞에서 서윤이는 자신감 넘치게 줄넘기를 잘해냈죠!

이런 상황을 바로 괄목상대라고 합니다. 비빌 괄(刮), 눈 목(目), 서로 상(相), 마주 볼 대(對)로 눈을 비비며 상대방을 본다는 뜻을 가지고 있습니다. 다른 사람의 재주나 학식이 놀랄 정도로 늘었을 때 사용하는 말이죠. 이와 관련된 역사 속 이야기를 들어볼까요? 중국 오나라에 여몽이라는 장수가 있었답니다. 그는 전쟁에서 수많은 공을 세웠죠. 하지만 무술에는 출중하고 관심도 많지만, 도통 책을 읽지 않았죠. 그런 모습을 본 손권은 여몽에게 학문을 익혀야 한다고 조언했어요. 무술도 잘하고 병법서를 읽고 이해하여 전략을 세울 수 있다면 더욱더 훌륭한 장군이 될 수 있기 때문이죠. 여몽은 전쟁터에서도 독서를 하고 바쁠 때도 병법을 익히는 일을 소홀히 하지 않았답니다. 얼마 후 친구가 여몽을 찾아왔습니다. 함께 이야기를 나눠보니 여몽이 예전과는 다르다는 걸 느끼게 되었답니다. "힘만 쓰는 장수라고 생각했는데 언제 이렇게 지혜로워졌단 말인가!" 그 말에 여몽은 이렇게 했죠. "자고로 선비란 3일만 떨어져 있어도 다시 만났을 때 눈을 비비고 다시 보아야 할 정도로 달라져 있어야 하네." 이 이야기에서 괄목상대가 유래되었답니다.

괄목상대 하기 위해서는 큰 노력이 필요합니다. 지금보다 더 발전하려면 끈기와 열정이 있어야 하기 때문이죠. 어려워하는 것이 있다면 포기하지 않고 노력하여 괄목상대 해 보는 건 어떨까요?

중국의 대표 병법서 〈손자병법〉

중국 춘추시대 말기 제나라 사람 손무가 집필한 고대 중국 병법서이다. 손무는 오나라 왕 합려를 만나 책사로 발탁되어 전쟁의 전술과 전략을 펼쳤다. 〈손자병법〉은 전쟁의 기술뿐 아니라 인간에 대한 깊은 통찰을 담고 있으며 국가 경영, 인재의 등용 등 인간사의 처세와 지혜를 담고 있어 병법서의 교과서로 부른다.

역사 주제 사자성어 ⑦

난 형 ㄴ ㅈ

(1) 난형난제   (2) 난형난적   (3) 난형난작

어려울 난

難 어려울 난	難	難			
兄 형 형	兄	兄			

비슷한 사자성어 백중지세(伯仲之勢)
- 우열 차이 없이 엇비슷함.

난형난제(難兄難弟) #비교

"정말 우열을 가리기 어렵구나!"

 민영이와 사촌 지수는 동갑이고 라이벌입니다. 키도 비슷하고 이번에 봤던 시험 성적도 비슷해요. 민영이와 지수는 자기가 더 잘났다고 다투다 집안 어른들께 여쭤보기로 했습니다. 어른들은 고민에 빠졌습니다. 두 아이 모두 훌륭하기 때문이죠! 그래서 이렇게 말하였답니다. "민영이라고 말하기도 어렵고, 지수라고 하기도 어렵구나!"

 이와 관련된 사자성어는 난형난제입니다. 어려울 난(難), 형 형(兄), 어려울 난(難), 아우 제(弟)로 형이라 하기도 어렵고 아우라 하기도 어렵다는 뜻을 가지고 있습니다. 이와 관련된 역사 속 이야기를 들어볼까요? 중국 후한의 진식이라는 사람에게는 진기와 진심 두 아들이 있었습니다. 아버지와 아들 모두 덕망이 높아서 사람들은 세 명을 묶어 삼 군자라고 불렀다고 합니다. 그리고 두 아들은 모두 커서 결혼을 하였는데, 두 아들의 자식들이 서로 말다툼을 시작한 것입니다. 그 이유는 바로 각자 자기 아빠가 더 훌륭하다고 주장하는 것이었습니다. 그래서 진기와 진심 아이들은 할아버지를 찾아가게 됩니다. 할아버지에게 두 아들 중 누가 더 훌륭하냐고 묻자 "형이라고 하기도 그렇고 아우라고 하기도 그렇고…… 아, 어렵구나"라고 대답한 데서 유래된 사자성어입니다.

축구 경기 중 "누가 이길지 예측할 수 없는 막상막하(莫上莫下)의 실력이네요!"라는 말을 들어본 적 있나요? 난형난제는 이와 비슷한 사자성어랍니다. 학문이나 재능, 실력이 비슷하여 우열을 가리기 곤란한 상황에 사용된답니다.

비교와 관련한 사자성어

공전절후(空前絶後) 앞에도 없었고 뒤에도 없을 것임. 즉 비교할 만한 것이 이전에도 없었고 이후에도 없을 만큼 탁월한 것을 가리키는 말.
장단상교(長短相較) 길고 짧은 것은 비교해 봐야 알 수 있다.
천하일품(天下一品) 세상에 하나밖에 없거나 매우 뛰어나서 세상에서 견줄 만한 것이 없음.
고금무쌍(古今無雙) 고금을 통틀어도 비교할 만한 짝이 없을 만큼 뛰어남.

역사 주제 사자성어 8

유언 ㅂ ㅇ

(1) 유언비어   (2) 유언방어   (3) 유언붕어

語 말할 어

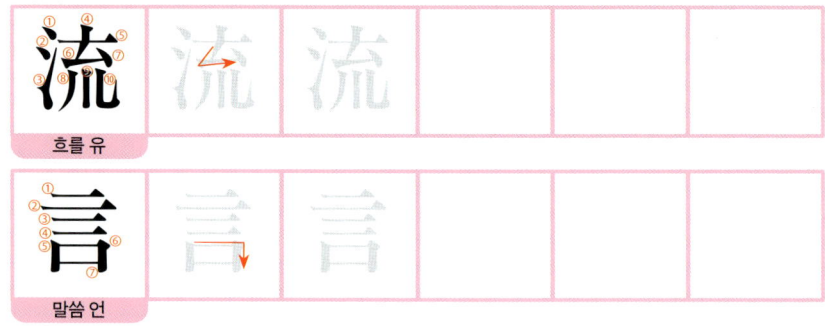

流 흐를 유

言 말씀 언

비슷한 사자성어 가담항설(街談巷說)
– 세상에 떠도는 소문.

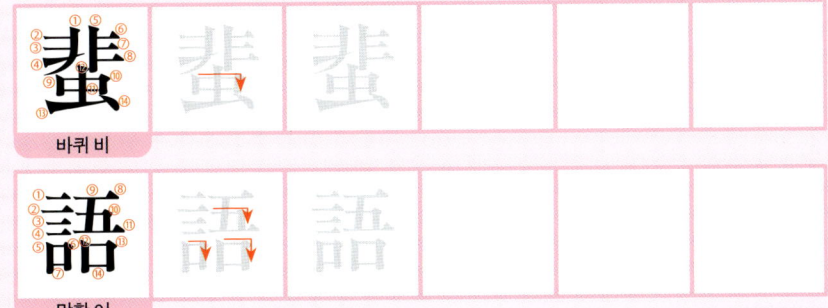

"나 아니라고~ 그거 헛소문이라고!"

　사람과 사람 사이에서 입으로 오르내리며 전해지는 소문은 참으로 빠르고 무섭습니다. 사실이 아닌데 진짜인 것처럼 오르내릴 때가 있기 때문이죠. 호준이는 이번에 참 나쁜일을 경험했습니다. 호준이와 사이가 좋지 않은 친구가 호준이가 지연이를 좋아한다고 소문을 퍼뜨린 것이죠. 호준이는 지연이를 좋아하지 않는데 말이에요. 소문은 참으로 빠르고 넓게 퍼져갔고, 다른 친구들 모두가 사실인 것처럼 믿고 호준이를 놀리고 오해하기 시작했죠. 이런 헛소문 때문에 호준이는 이러지도 저러지도 못하고 많은 상처를 받았답니다. 혹시 이런 경험 있는 친구들 있나요?

　이와 관련된 사자성어는 유언비어입니다. 흐를 유(流), 말씀 언(言), 날 비(蜚), 말할 어(語)로 아무 근거 없이 널리 떠돌아다니는 헛소문이라는 뜻입니다. 중국 한나라 때 두영 장군이 있었습니다. 전쟁에서 큰 공을 세운 두영 장군은 황제의 큰 신임을 받고 있었습니다. 그러나 그를 시기하고 견제하던 이들이 황제가 바뀌자 헛소문을 퍼뜨렸고, 갖은 고초를 겪다 결국 처형당하고 맙니다. 엄청난 공을 세웠지만 헛소문에 몰락한 데서 유래된 사자성어입니다.

  말은 이렇게 무섭습니다. 누군가를 음해하는 말은 더욱 힘이 세지요. 한번 뱉은 말은 주워 담을 수 없고, 유언비어로 퍼뜨린 말도 '거짓말이었어! 취소야!'라고 말하며 주워 담을 수 없습니다. 또 자기가 한 행동은 고스란히 자신에게 돌아오는 법입니다. 그러니 근거 없는 유언비어를 퍼뜨리지 않도록 항상 주의해야 합니다.

가짜 뉴스

사실이 아닌 것을 사실인 것처럼 꾸민 뉴스이다. 가짜 뉴스는 정치적인 목적을 갖거나, 사실이 아닌 내용을 퍼뜨리기 위해 뉴스의 형식을 빌어 퍼뜨리는 경우가 많다. 사실이 아닌 것을 사실이라고 주장하는 뉴스 모두가 가짜 뉴스에 해당한다. 가짜 뉴스를 구분하는 기본적인 방법은 1) 기자의 이름이 있는지 없는지 2) 영상제작자의 신원이 분명한지 3) "충격, 단독, 믿을 수 없는"과 같은 자극적인 문구가 있는 제목 등이다.

3장
지혜 주제 사자성어

지혜 주제 사자성어 ①

결초ㅂㅇ

(1) 결초보은   (2) 결초부은   (3) 결초박은

풀 초

은혜 은

結
맺을 결

草
풀 초

비슷한 사자성어 각골난망(刻骨難忘) - 은혜를 입은 고마움이 뼈에 깊이 새겨져 잊지 않는다는 의미.

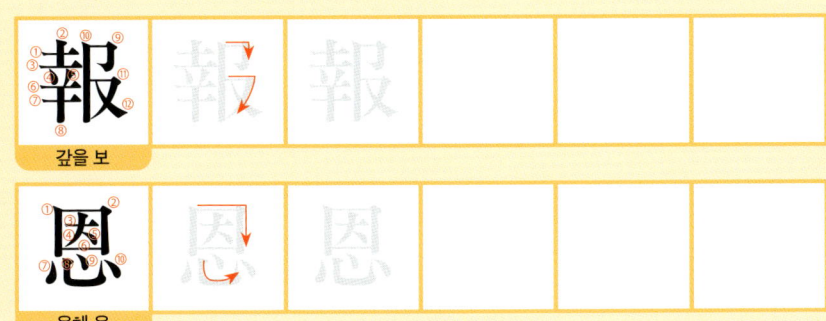

결초보은(結草報恩) #은혜

"나를 도와줬던 거 잊지 않았어"

준범이의 보물 1호는 축구공입니다. 어느 날 축구 연습을 하고 물을 마시러 간 사이 축구공이 사라졌어요. 공을 잃어버린 준범이는 너무 속상했어요. 그 모습을 본 윤주가 준범이의 축구공을 찾기 위해 이리저리 땀을 흘리며 뛰어다녔고 결국 찾아주었습니다. 예전에 윤주가 넘어졌을 때 준범이가 보건실에 데려다준 적이 있는데 그때 고마웠던 마음을 보답하고 싶었대요.

이와 관련된 사자성어는 바로 결초보은입니다. 맺을 결(結), 풀 초(草), 갚을 보(報), 은혜 은(恩)으로 풀을 묶어 은혜를 갚는다는 뜻을 가지고 있습니다. 옛날 위과라는 사람은 어머니를 일찍 여의고 아버지, 새어머니와 함께 오순도순 지냈어요. 그러던 어느 날 아버지가 병이 들었습니다. 아버지는 아들을 불러 자기가 죽거든 아직 젊은 새어머니를 좋은 곳에 시집보내라고 말했습니다. 그리고 몇 달 후 병색이 짙어진 아버지는 아득한 정신으로 다시 아들을 불러 새어머니를 함께 묻어달라는 말을 남기고 세상을 떠났습니다. 위과는 장례를 치르기 전 수없이 고민했습니다. 아버지의 상반된 유언 때문이었지요. 깊은 고민 끝에 위과는 새어머니를 좋은 곳에 시집보내기로 결심하였습니다. 얼마 후 위과는 장군이 되어 전쟁에 나가게 되었습니다. 적군의 상대는 무시무시하다고 소문난 장군이었죠. 상대 장수의 실력에 겁을 먹은 위과의 군대가 주춤하고 있을 때, 멀리서 어떤 노인이 풀을 엮어 상대 장군의 달리는 말의 다리를 걸어 넘어뜨렸어요. 이 일을 계기로 위과는 전쟁에서 크게 승리하였습니다. 그날 밤 위과의 꿈에 풀을 엮던 노인이 나타나 딸의 목숨을 구해준 은혜를 갚기 위해 풀을 엮었다는 말을 하고 사라졌습니다.

세상에는 감사한 일들이 참 많습니다. 의도지 않게 누군가에게 중요한 도움을 받기도 하죠. 이러한 감사한 순간을 잊지 않고 결초보은 하는 지혜를 가진 사람으로 성장하면 좋겠습니다.

순장

순장이란 고대 사회에서 부족장이나 왕, 또는 가장이 죽었을 때 그를 모시던 신하나 시녀, 사랑했던 처나 첩 등을 함께 매장하는 풍습이다. 시대가 변하면서 살아있는 사람 대신 토우나 토용을 묻는 방법으로 변했고, 이조차도 점차 사라지게 된 풍습이다.

과 유 ㅂ ㄱ

(1) 과유보급　(2) 과유불급　(3) 과유불구

지나칠 과

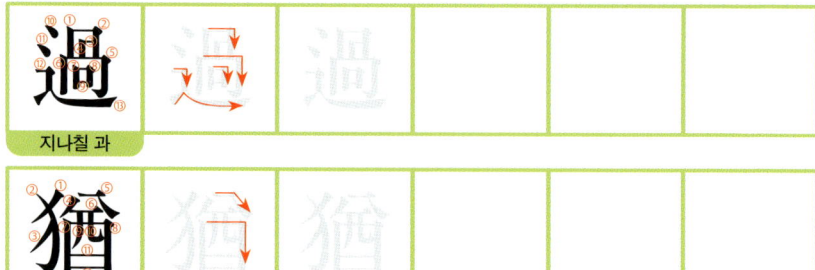

지나칠 과

오히려 유

비슷한 사자성어 소탐대실(小貪大失)
— 작은 것을 탐하다가 큰 손실을 입는다는 뜻.

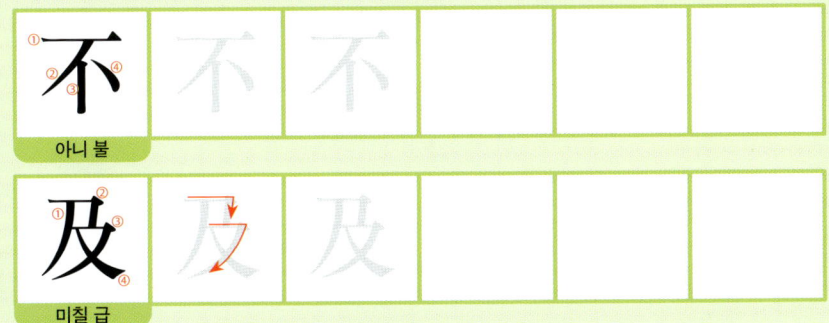

과유불급(過猶不及)   #욕심

"물을 많이 주면 줄수록 좋다고 생각했어요!"

효민이는 과학 시간에 식물이 자라는 데 필요한 조건이 무엇인지 배웠습니다. 물과 햇빛, 양분이 있으면 식물이 잘 자란다는 걸 알게 된 효민이는 집에 있는 식물을 잘 키워 봐야겠다고 다짐했죠. 햇빛이 잘 드는 곳에 식물을 두고 하루도 빠짐없이 아침저녁으로 물을 듬뿍 주었어요. 그러나 식물은 효민이의 기대와는 반대로 점차 시들시들하더니 죽어버리고 말았어요. 왜 이런 일이 일어났을까요? 식물은 적정량의 물이 필요하죠. 과하면 오히려 뿌리가 썩어 죽어 버릴 수 있답니다.

이와 관련된 사자성어가 바로 과유불급입니다. 지나칠 과(過), 오히려 유(猶), 아니 불(不), 미칠 급(及)으로 정도를 지나침은 미치지 못함과 같다는 뜻을 가지고 있습니다. 두 개의 쫑긋한 귀가 귀여운 토끼는 순한 성격과 사랑스러운 외모로 많은 사람의 사랑을 받고 있어요. 그런 토끼가 갑자기 많아진다면 어떤 일이 일어날까요? 귀여운 건 많을수록 좋으니 상관없을까요? 호주에는 토끼와 관련된 일화가 있습니다. 원래 호주에는 토끼가 살고 있지 않았습니다. 1859년 한 영국인이 사냥 목적으로 야생 토끼를 데리고 오면서 호주에는 토끼가 기하급수적으로 많아지기 시작했습니다. 이 많은 토끼는 호주에 있는 풀들을 모조리 먹기 시작했고, 이로 인해 호주 생태계의 균형이 어긋났습니다.

생태계에서도 확인할 수 있는 것처럼 균형은 굉장히 중요합니다. 건강에 좋다고 생각한 음식을 지나치게 많이 먹으면 배탈이 나는 것처럼요. 그래서 우리는 지나치게 많거나 적은 것을 경계하고 치우치지 않은 삶의 지혜를 가질 수 있도록 노력해야 합니다.

✿ 호주의 토끼 사냥

호주는 지구의 남쪽에 따로 떨어진 오세아니아 대륙에 자리 잡고 있어서 코알라나 키위새같이 다른 대륙에서 볼 수 없는 특별한 동물들이 살고 있다. 토끼는 번식력이 강한데, 호주에는 토끼를 잡아먹는 육식동물이 살고 있지 않았다. 얼마 지나지 않아 엄청나게 수가 늘어난 토끼 때문에 피해가 커졌고, 불어나는 수를 감당할 수 없자 결국 토끼에게 치명적인 바이러스를 퍼뜨렸다. 그러나 살아남은 토끼들에게 바이러스를 견딜 수 있는 내성이 생겨 지금도 호주는 토끼로 인한 생태계 파괴와 사막화가 지속되고 있다.

지혜 주제 사자성어 ③

우공 ㅇ ㅅ

(1) 우공우산   (2) 우공이산   (3) 우공약산

山
뫼 산

愚					
어리석을 우					
公					
어른 공					

🟪 비슷한 사자성어 **마부작침**(磨斧作針) – 도끼를 갈아 바늘을 만든다는 뜻으로, 어려운 일이라도 끈기 있게 노력하면 이룰 수 있음을 비유.

 **우공이산(愚公移山)**　　#노력

"이 세상에 전구가 없다면 어떤 일이 일어날까?"

　어두운 밤에 빛이 되어주는 전구. 전구가 없다면 어떤 일이 일어날까요? 아마도 해가 뜨는 낮에 활동하다가 해가 지면 촛불에 의지해 생활했겠죠. 이런 불편을 해소한 건 전구의 발명 덕분입니다. 에디슨은 전류가 흐를 때 빛을 방출하는 얇은 도선인 필라멘트의 밝기와 지속력을 향상할 수 있도록 끝없이 노력하여 전구를 발명하고 보급까지 했습니다. 에디슨이 실험하다 버린 쓰레기 더미가 2층 높이를 이룰 정도로 수만 번의 실패를 이겨내고 빛을 내는 필라멘트를 만드는 데 성공했답니다.

　이와 관련된 사자성어는 바로 우공이산입니다. 어리석을 우(愚), 어른 공(公), 옮길 이(移), 뫼 산(山)으로 어리석은 노인이 산을 옮긴다는 뜻을 가지고 있습니다. 옛날에 한 노인이 살고 있었습니다. 그의 집 앞엔 두 개의 큰 산이 막고 있어서 너무 답답했답니다. 보통이라면 이사를 할 텐데 노인은 이 산을 옮기겠다고 생각했습니다. 마을 사람들은 어리석다며 비웃었지만 아랑곳하지 않고 열심히 흙을 퍼 날랐죠. 그 모습에 두 개의 큰 산을 지키는 산신들이 불안에 떨며 이 일을 옥황상제에게 알렸죠. 그러자 옥황상제는 노인의 노력에 감동하여 거대한 산을 번쩍! 들어 다른 곳으로 옮겨 주었답니다. 이처럼 우공이산은 한 가지 일을 끝까지 꾸준히 한다면 그 일을 언젠가는 이룰 수 있다는 뜻을 가지고 있답니다.

☆ 토머스 에디슨

1868 • '전기 투표 기록기'를 발명해 특허를 얻음.
1870 • 뉴욕에 실험실과 공장을 세우고 전기 기구 연구 시작.
1877 • 축음기 발명.
1879 • 탄소 필라멘트를 사용한 백열 전구를 발명.
1887 • 웨스트 오렌지 연구소를 세우고 평반 축음기를 발명.
1889 • 키네토그래프 발명.
1895 • X선용 투시경 발명.
1912 • 축음기와 활동사진을 연결해 키네토폰을 발명.
1929 • 백열전구 발명 50주년 기념 축하회에서 쓰러짐.
1931 • 10월 18일 병으로 사망.

지혜 주제 사자성어 ④

타 산 ㅈ ㅅ

(1) 타산지석　　(2) 타산주석　　(3) 타산정석

다를 타

뫼 산

비슷한 사자성어 반면교사(反面教師)
- 다른 사람이나 나쁜 점을 보며 배운다.

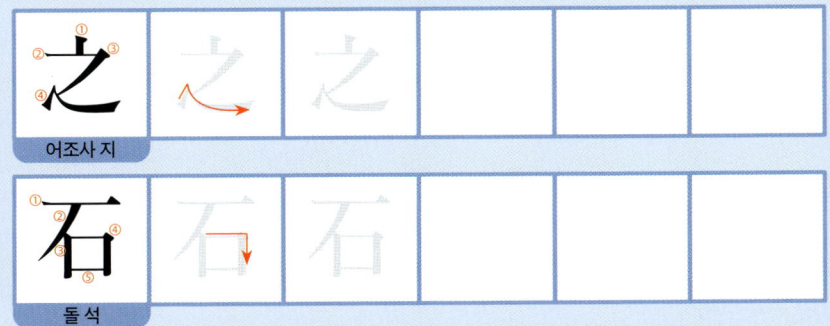

타산지석(他山之石) #교훈

"쟤는 도대체 왜 저러는 거야?"

학교에서 1년 동안 같은 반 친구들이랑 지내다 보면 도통 이해가 되지 않는 말이나 행동하는 친구들이 있죠. '쟤는 도대체 왜 그러는 거지? 왜 말을 저렇게 해? 다른 사람에게 피해 주는 행동을 왜 이렇게 하는 거야?' 등의 생각을 할 때가 있어요.

이와 관련된 고사성어는 타산지석입니다. 다를 타(他), 뫼 산(山), 어조사 지(之), 돌 석(石)으로 다른 산의 돌을 뜻해요. 옛날 <시경>에는 이런 시구가 있다고 합니다. '다른 산의 돌이라도 옥으로 만들 수 있구나.' 옛사람들은 옥을 대지의 정물로 여겼습니다. 옥을 품고 있으면 약효가 나타나 건강해지고 잡귀를 물리칠 수 있다고 생각했습니다. 그런 예쁜 모양의 옥은 그냥 만들어지는 것이 아니라 원석을 갈고 다듬어야 했죠. 그럴 때 다른 산의 돌을 이용하여 옥을 다듬는다는 뜻의 시의 글귀입니다. 즉 남의 허물이나 언행을 교훈 삼아 자기 자신을 다듬는다는 뜻입니다. 다른 산의 하찮은 돌은 그냥 버리면 아무 도움이 되지 않죠. 하지만 나의 마음을 수양하고 자신을 성장하는 데 쓰면 큰 도움이 된다는 것입니다.

 다른 사람의 행동을 우리가 바꿀 수는 없습니다. 비난하고 고자질해도 바꿀 수 없죠. 그럴 때 우리는 타산지석의 태도를 가져야 합니다. 다른 친구의 나쁜 행동을 보고 '저렇게 행동하니 나에게서 이런 마음이 생기는구나. 나는 저런 행동을 하지 말아야지'라고 다짐하는 것이죠. 그렇게 생각하면 나에게 도움이 되지 않는 것은 없습니다. 주변의 실패나 실수를 타산지석 삼아 더 나은 나로 성장하는 건 어떨까요?

옥

중국에서는 군자로 칭송받는 사람은 좋은 옥 장신구를 지니고 있다고 생각했다. 지금도 옥을 착용하면 액을 피한다고 생각하고, 가족의 미덕을 상징하는 물건은 옥으로 만든다. 중국인들은 옥의 품질이 자신의 품위라고 생각한다. 반면 한국인들은 옥이 몸에 얼마나 좋은가를 많이 따진다. 옥의 품질보다는 성분을 생각한다.

지혜 주제 사자성어 ⑤

형설 ㅈㄱ

(1) 형설지공   (2) 형설조국   (3) 형설지각

반딧불이 형

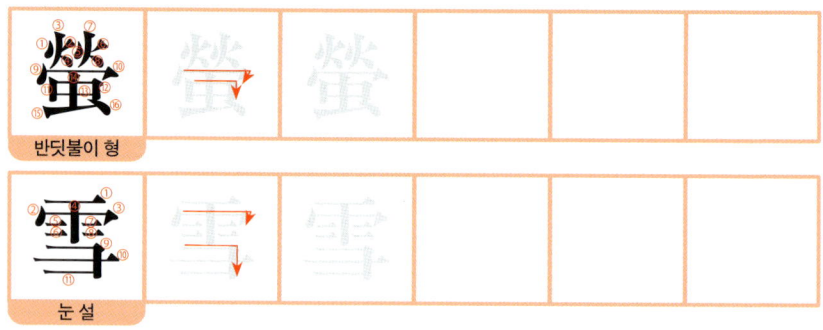

반딧불이 형

눈 설

비슷한 사자성어 영설독서(映雪讀書)
– 어려운 환경에도 공부에 힘쓰는 모습.

형설지공(螢雪之功) #학문

"우리 집이 부자라면 더 잘했을 텐데?!"

　우리는 종종 주어진 환경을 탓하며 더 좋은 환경과 조건이 있었더라면 지금보다 더 잘했을 거라는 생각을 하죠. 주어진 환경을 대하는 지혜로운 태도는 무엇일까요?

　이와 관련된 고사성어는 형설지공입니다. 반딧불이 형(螢), 눈 설(雪), 어조사 지(之), 공 공(功)으로 반딧불과 눈빛으로 공부하여 이룬 공이라는 뜻을 가지고 있습니다. 옛날 옛적 차윤이라는 아이가 살고 있었습니다. 낮에는 부모님을 도와 일을 하기 때문에 차윤은 밤늦게야 공부를 시작할 수 있었죠. 그러던 어느 날 불을 밝혀주는 등불이 꺼졌어요. 등잔 기름이 다 닳아서 꺼진 것이었죠. 등잔 기름을 새로 넣으면 간단하지만 여유로운 형편이 아니라 기름을 살 돈이 없어서 다시 불을 밝힐 수 없었죠. 그렇게 공부를 못하고 있는데, 속상한 차윤의 옆으로 반딧불이가 날아오는 거예요. 수십 마리의 반딧불이가 날아오르자, 주변이 등불처럼 환해졌죠. 차윤은 이를 보고 좋은 아이디어가 생각났습니다. 그러고는 반딧불이를 자루에 모으기 시작했죠. 그날부터 반딧불이를 등불 삼아 밤에도 열심히 공부했고, 이후에 높은 벼슬까지 올라가게 되었답니다.

우리는 차윤보다 훨씬 좋은 환경에 살고 있죠. 하지만 자기에게 주어진 많은 것을 감사하며 살기 보다는 불평 불만하며 이를 핑계 삼아 노력하지 않기도 합니다. 주어진 환경을 탓하지 말고 원하는 목표를 이루기 위해 몰입해 보는 건 어떨까요?

반딧불이

개똥벌레라고도 한다. 몸빛깔은 검은색이고, 앞가슴등판은 오렌지빛이 도는 붉은색이며 한가운데 선은 검은색이다. 배마디 배면 끝에서 셋째 마디는  연한 노란색이며 빛을 내는 기관이 있다. 우리나라에서는 환경오염 등으로 거의 사라져 쉽게 볼 수 없다. 전라북도 무주군 설천면 남대천 일대가 서식지인데 이곳을 천연기념물로 지정하여 보호하고 있다.

지혜 주제 사자성어 6

인 과 ㅇ ㅂ

(1) 인과양보   (2) 인과악보   (3) 인과응보

因	因	因			
인할 인					

果	果	果			
결과 과					

비슷한 사자성어 자업자득(自業自得)
– 자기가 저지른 일의 결과를 자기가 받음.

인과응보(因果應報) #교훈

"뿌린 대로 거둔다."

최근 연예계 등 다양한 분야에서 학교 폭력 문제가 불거지고 있습니다. 학창 시절 때 누군가를 괴롭혔던 일이 몇 년 뒤에 드러나서 그 책임으로 자신이 현재에 이루고 있던 일에서 물러나고 여러 사람의 비난을 받는 일들이 일어나고 있습니다.

이와 관련한 사자성어가 바로 인과응보입니다. 인할 인(因), 결과 과(果), 응할 응(應), 갚을 보(報)로 원인과 결과에는 반드시 그에 합당한 이유가 있다는 뜻을 가지고 있습니다. 인과응보는 불교 용어입니다. 과거 또는 전생의 인연에 따라 그에 합당한 보답을 받게 된다는 것입니다. 즉 전생에 좋은 일을 많이 했다면 현재에 좋은 일들이 생길 것이고, 전생에 나쁜 일을 많이 했다면 현재에 좋지 않은 일들이 생길 것이라는 뜻입니다. 요즘은 인과응보를 현재의 삶 안에서 원인과 결과로 바라보고 사용합니다. 사면초가에 등장했던 늑대와 양치기 소년 이야기 기억하나요? 그 이야기를 인과응보에 빗대어 바라볼 수 있습니다. 양치기 소년의 거짓말 때문에 마을 사람들은 양치기 소년을 믿지 못하게 되었고, 진짜 늑대가 나타났을 때 양치기 소년의 요청을 무시했습니다. 결국 양치기 소년은 늑대에게 자기 양을 모두 잃고 말았습니다. 양치기 소년이 마을 사람들을 상대로 거짓말을 하지 않았더라면 실제로 늑대가 나타났을 때 다른 결과가 일어났을 것입니다.

내가 공부를 잘하지 못하는 것은 그만큼 노력하지 않았기 때문일 것이고, 친구랑 사이가 안 좋아진 것은 과거 나의 행동 때문일 가능성이 높다는 것입니다. 학교 폭력과 같은 과거의 잘못도 이후에 어떠한 결과로 이어져 책임을 져야 하는 상황이 생길 것입니다. 그렇기 때문에 우리는 항상 자만하며 살아가는 것을 주의해야 합니다. 자기 행동이 원인이 되어 어떠한 결과로 나타날지 모르기 때문입니다.

윤회 사상

윤회란 사람이 사망한 뒤 영혼이 되었다가 새로운 몸을 받아 다시 태어나고 생로병사를 거친 뒤 다시 영혼이 되어 또 태어나기를 반복한다는 것이다. 힌두교에서는 카스트 제도를 합리화하기 위해 좋은 일을 하면 다음 생에는 더 귀한 신분으로 태어나고, 악한 일을 하면 다음 생에 더 비천한 신분으로 태어난다고 한다.

지혜 주제 사자성어 ⑦

십 시 ㅇ ㅂ

(1) 십시일보   (2) 십시일반   (3) 십시일부

匙 숟가락 시

十 열 십

匙 숟가락 시

비슷한 사자성어 상부상조 (相扶相助) - 서로서로 돕는다.

십시일반(十匙一飯) #협동

"우리가 힘을 모으면……!"

은비네 반에 아주 큰 일이 일어났답니다. 반 친구 중 유리가 주말에 교통사고를 당해 다친 것입니다. 몇 주 후 유리가 오랜만에 등교했습니다. 은비네 친구들은 어떻게 행동했을까요? 희주는 유리가 글을 쓸 수 없기 때문에 대신해서 필기해 주고, 준범이는 쉬는 시간에 물을 떠다 주고, 은비는 급식실에서 유리를 대신해서 급식을 퍼주었습니다. 여러 친구의 도움으로 유리는 큰 불편 없이 학교생활을 할 수 있었답니다. 참으로 대단한 친구들 아닌가요? 이런 상황을 십시일반이라고 한답니다.

십시일반은 열 십(十), 숟가락 시(匙), 한 일(一), 밥 반(飯)으로 열 숟가락으로 한 그릇 밥을 만든다는 뜻을 가지고 있습니다. 가난하여 밥을 못 먹는 사람이 있을 때 열 명이 한 숟가락씩만 더해 줘도 한 그릇 밥을 만들어 도울 수 있다는 뜻을 가지고 있습니다. 우리나라에서도 1997년에 십시일반하는 일이 일어났습니다. 그해는 우리나라가 경제적으로 몹시 어려워진 해였답니다. 우리나라가 가지고 있는 외국 돈(외화)이 조금밖에 남지 않은 것이었죠.

결국 IMF(국제통화기금)라는 기구에 도움을 요청해 외화를 빌려야만 했죠. 이 사실을 알게 된 국민들은 위기에서 벗어나기 위해 '금 모으기 운동'을 실시했고, 사람들은 집에 있는 작은 금들을 모으기 시작했습니다. 이러한 작은 금이 모이고 모여 우리나라는 3년 8개월 만에 IMF를 조기 졸업하고, 국가신용등급을 회복했어요.

개인들의 작은 도움이 모이면 그 어떠한 것보다 큰 힘이 되어 사람을 도와주거나 문제를 해결할 수 있어요. 어려움을 겪고 있는 사람을 보거나 우리 공동체에서 해결해야 하는 일이 생기면 십시일반의 태도로 지혜롭게 해결해 보는 건 어떨까요?

국채보상운동

국채란 나라의 빚을 의미한다. 국채보상운동은 일제강점기 때 우리나라가 일본에게 진 빚을 국민이 대신 갚기 위해 십시일반 돈을 모은 운동이다. 1907년에 시작된 운동은 약 3개월 동안 4만여 명의 국민이 참여했다.

지혜 주제 사자성어 8

초 지 ㅇ ㄱ

(1) 초지일부　(2) 초지일감　(3) 초지일관

한 일

初 처음 초

志 뜻 지

비슷한 사자성어 수미일관(首尾一貫)
- 처음부터 끝까지 한결같이 함.

초지일관(初志一貫)   #신념

"나와의 약속을 저버리지 않아!"

　새학기를 맞아 민성이는 평소 부족했던 수학 실력을 보충하기 위해 매일매일 수학 학습지 다섯 장을 풀기로 다짐했습니다. 자신과 했던 약속을 민성이는 끝까지 잘 지켰을까요? 처음 며칠은 다섯 장씩 잘 풀었으나 점점 핸드폰 게임이 하고 싶어지고 하루쯤은 안 해도 된다는 생각이 불쑥불쑥 튀어나왔습니다. 민성이에게 필요한 지혜는 무엇일까요?

　바로 초지일관입니다. 처음 초(初), 뜻 지(志), 한 일(一), 꿸 관(貫)으로 처음 먹은 마음을 한결같이 지닌다는 뜻을 가지고 있습니다. 초지일관의 태도로 삶 전체를 살아간 인물이 있습니다. 바로 백범 김구 선생입니다. 독립을 위해 의병에 참여했고 일제에 맞서야 한다는 강연을 하다 일본 경찰에 붙잡혀 옥살이를 했지만, 그 와중에도 자신의 신념을 잃지 않고 함께 갇힌 사람들에게 나라를 사랑하는 마음을 가르쳐주었죠. 많은 독립운동가가 초지일관의 태도로 자신의 처음 뜻을 굽히지 않았습니다. 그들의 노력으로 우리나라는 일본에서 벗어나 독립을 할 수 있었습니다. 이러한 초지일관의 태도는 자신이 원하는 것을 이룰 수 있게 하는 큰 힘을 가지고 있습니다.

민성이가 수학 학습지 다섯 장을 매일매일 풀어 초지일관의 태도를 가진다면 수학 실력은 물론이고 민성이의 자신감이 향상될 것입니다. 이는 삶을 살아가는 데 귀한 자원이 되어 좋은 방향으로 이끌 것입니다.

백범 김구

일제강점기 시절 독립운동가 중에서도 가장 존경받는 위인 중 한 명이다. 동학 농민 혁명과 교육 계몽운동에 참여했고, 1919년에는 중국 상하이로 건너가 대한민국 임시정부 수립에 직접 참여하였고, 1945년까지 주석을 역임하며 임시정부의 지도자 역할을 수행했다. 광복 이후에는 본인은 반공주의자였지만 남북 분단과 남한 단독 정부 수립에는 반대하면서 통일론을 포기하지 않다가 1949년 반대 세력에 의해 암살되었다.

4장

인간 주제 사자성어

夢
꿈 몽

인간 주제 사자성어 ①

역지 ㅅ ㅈ

(1) 역지사지　(2) 역지수지　(3) 역지사주

易 바꿀 역

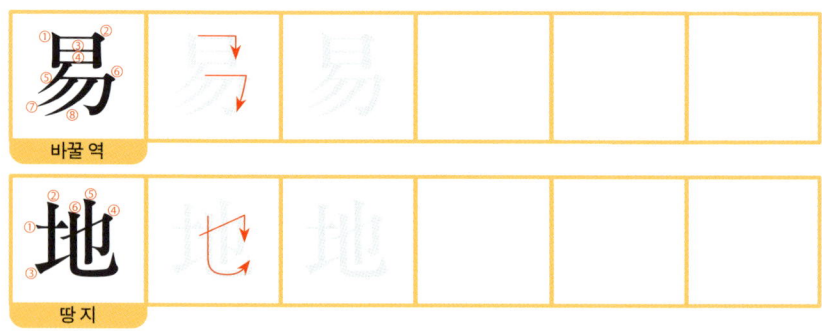

비슷한 사자성어 추기급인(推己及人) - 자신의 처지를 미루어 다른 사람의 형편을 헤아린다.

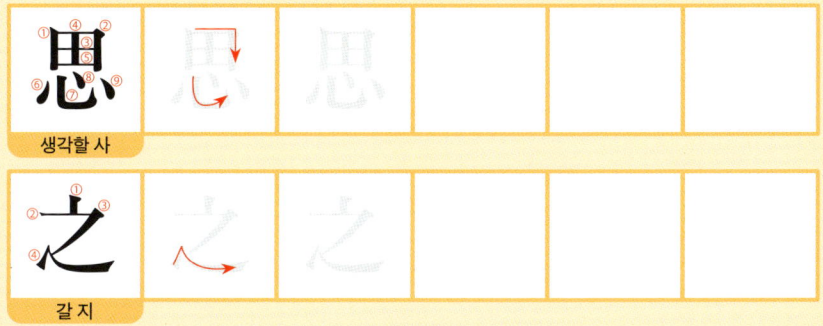

역지사지(易地思之)   #순리

"모든 인간관계의 갈등을 해결해 주는 Key"

정인이는 자기가 하고 싶은 거는 꼭 해야 하는 성격입니다. 모둠 활동 중 "이렇게 하자!"라고 말했을 때 원하는 것을 들어주지 않으면 분노가 치밀어 친구들에게 소리를 지르죠. 친구들도 그런 모습에 지쳐 정인이를 무시하거나 화를 내곤 합니다. 이런 상황에 필요한 사자성어는 무엇일까요?

바로 역지사지입니다. 바꿀 역(易), 땅 지(地), 생각할 사(思), 갈 지(之)로 다른 사람의 처지에서 생각하라는 뜻을 가지고 있습니다. 쉽게 말해 입장 바꿔 생각해 보기입니다. 이와 관련한 이솝우화가 있어요. 어느 날 여우가 두루미를 찾아와 저녁 식사에 초대했습니다. 두루미는 기쁜 마음으로 여우의 집을 찾아갔죠. 그런데 여우가 납작한 접시에 아주 맛있어 보이는 음식을 담아온 게 아니겠어요? 두루미는 부리가 길어서 납작한 접시에 있는 음식을 먹을 수 없는데 말이죠. 두루미는 약이 올랐지만, 꾹 참고 여우에게 말했습니다. "여우야, 고마워. 내일 우리 집에 저녁 먹으러 와." 다음 날 여우가 두루미 집으로 저녁을 먹으러 갔습니다. 두루미는 여우가 그랬던 것처럼 맛있는 음식을 긴 호리병에 담아 왔습니다. 결국 여우도 음식을 먹지 못하고 군침만 삼켰답니다.

　여우에게 필요한 것은 무엇일까요? 바로 역지사지의 마음입니다. 두루미 입장에서 생각했다면 집에 초대했을 때 두루미를 위해 긴 호리병에 음식을 담아 준비했겠죠? 그랬다면 여우와 두루미는 갈등 없이 좋은 친구가 됐을 것입니다. 앞서 이야기한 정인이 이야기도 마찬가지랍니다. 정인이가 다른 친구들 입장에서 생각했다면 관계가 훨씬 좋아질 것입니다. 오늘부터 상대방의 입장이 되어 생각해 보는 연습을 해볼까요?

☆ 이솝우화

이솝 우화는 고대 그리스의 아이소포스(Αἴσωπος, 이솝)가 지은 우화들이다. 우리나라에는 1896년 출간된 소학교 교과서에 <욕심 많은 개>, <까마귀와 여우 이야기> 등이 수록된 것이 최초다. 동물을 주인공으로 한 짧은 내용이 대부분이며, 인간이 주인공으로 등장하는 이야기도 꽤 많다. 우화가 대체로 그렇듯이 읽고 난 뒤 교훈을 얻을 수 있는 내용이다.

인간 주제 사자성어 ②

배 은 ㅁ ㄷ

(1) 배은망도   (2) 배은망덕   (3) 배은망두

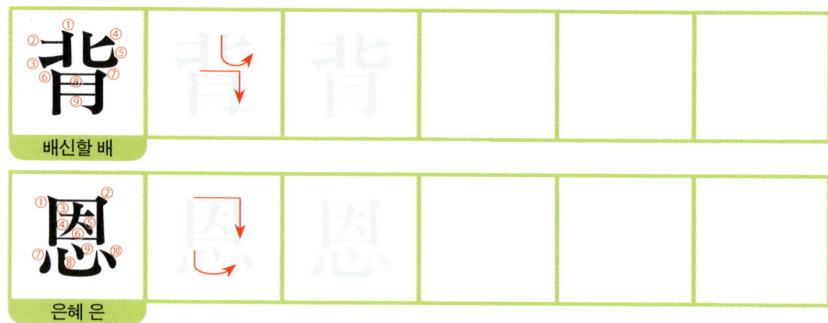

비슷한 사자성어 　**토사구팽(兎死狗烹)** – 토끼가 잡히고 나면 충실했던 사냥개도 쓸모가 없어져 잡아먹게 된다는 뜻.

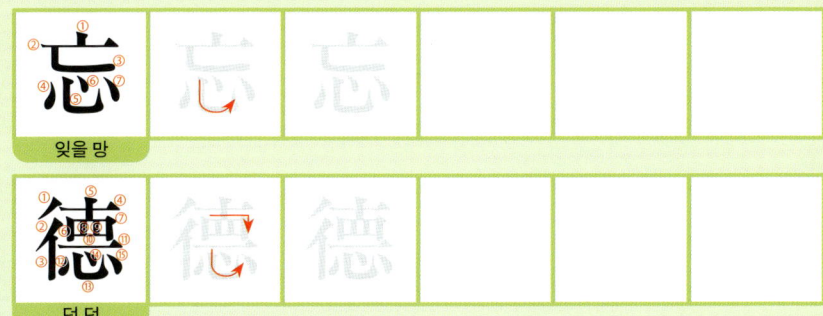

"은혜를 원수로 갚는다"

지수는 최근 황당한 경험을 했어요. 사회 조사학습 숙제를 내일까지 제출해야 하는데, 같은 반 친구 소현이가 조사하는 방법이 어렵대요. 숙제를 다 한 지수가 소현이네 집에 가서 숙제하는 걸 도와주었어요. 그런데 깜빡하고 소현이네 집에 숙제 노트를 놓고 온 게 아니겠어요? 소현이가 잘 갖다줄 거라 생각했으나, 다음 날 지수는 숙제한 것을 인정받지 못했습니다. 소현이가 지수의 숙제를 그대로 베껴 완전히 똑같이 썼기 때문이죠.

이런 상황을 배은망덕이라고 합니다. 배신할 배(背), 은혜 은(恩), 잊을 망(忘), 덕 덕(德)으로 은혜를 배신하고 베풀어 준 덕은 잊음이라는 뜻을 가지고 있습니다. 옛날 옛적 한 나그네가 숲길을 걸어가고 있었습니다. 그때 어디선가 호랑이의 울음이 들려왔어요. 소리가 나는 쪽으로 가까이 가보니 호랑이가 구덩이에 빠져 있었어요. 호랑이에게 잡아먹힐까봐 두려운 나그네가 머뭇거리자 호랑이는 절대 잡아먹지 않겠다고 약속했고, 이 말을 믿은 나그네는 호랑이를 도와주었죠. 그러나 구덩이 밖으로 나오자마자 호랑이는 태세 전환을 하였습니다. 구덩이에서 나오는 것을 도와준 나그네의 은혜를 갚기는커녕 되려 배신한 호랑이, 숙제를 도와준 지수의 숙제를 베껴 곤란한 상황에 부딪치게 한 소현이 모두 배은망덕이라고 할 수 있습니다. 배려하는 마음으로 도와준 사람을 배신하는 것은 그 사람에게 두 배의 상처를 주는 일입니다. 도움을 받았을 때는 그 고마움을 알고 표현하는 친구들이 되었으면 좋겠습니다.

 배신과 관련한 사자성어

면종복배(面從腹背)
겉으로는 복종하는 체하면서 내심으로는 배반함.

양봉음위(陽鳳陰違)
앞에서는 복종하고 뒤에서 배반할 궁리를 함.

반복무상(叛服無常)
배반하였다 복종하기를 반복하며 태도가 일정하지 않음.

배고향신(背故向新)
옛 친구를 배반하고 새로운 사람과 사귄다는 뜻.

조진궁장(鳥盡弓藏)
새를 다 잡은 뒤에는 활을 감춘다는 뜻, 성공한 후 고마운 줄 모르고 나 몰라라 하는 경우.

인간 주제 사자성어 ③

감언 ㅇ ㅅ

(1) 감언이설   (2) 감언우설   (3) 감언요설

言 말씀 언

甘 달 감					

言 말씀 언					

비슷한 사자성어 교언영색(巧言令色) - 남의 환심을 사기 위해 교묘하게 꾸민 말과 은근한 얼굴 표정을 뜻하는 말.

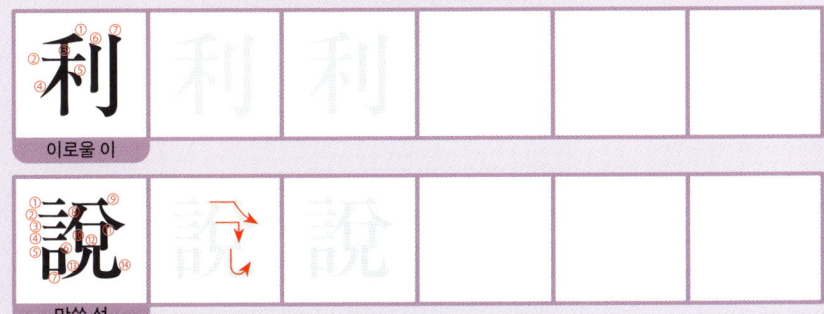

감언이설(甘言利說)   #속임수

"달콤한 사탕발림에 속지 마!"

최근 준호는 위험한 일을 겪었습니다. 어느 날 퇴근하는 엄마를 기다리고 있는데 어떤 사람이 엄마 친구라며 다가왔습니다. 엄마가 늦으니 아이스크림을 먹으며 함께 기다리자고 합니다. 이 말을 들은 준호는 엄마에게 들은 건 없었지만 엄마 친구 같기도 하고 무엇보다 아이스크림이 먹고 싶어서 따라가려고 했습니다. 그때 그 상황을 바라보던 친구들이 "엄마 친구가 아닐 수도 있어! 그런 말에 속으면 안 된댔어!"라며 막아섰습니다. 그 말 덕분에 준호는 낯선 사람을 따라가지 않았고, 나중에 엄마에게 여쭤보니 엄마의 친구가 아니었습니다. 이와 비슷한 경험을 해 본 친구가 있나요?

이런 상황을 감언이설이라고 합니다. 달 감(甘), 말씀 언(言), 이로울 이(利), 말씀 설(說)로 달콤한 말과 이로운 말이라는 뜻입니다. 상대방을 현혹하기 위해 하는 말들이지요. 자라가 토끼를 속여 바닷속으로 데려가는 <별주부전> 이야기를 아나요? 토끼는 별주부의 감언이설에 넘어가 용궁에 갔습니다. 융숭한 대접을 해 준다던 용왕은 토끼를 보자마자 당장 간을 내놓으라고 했고, 토끼는 감언이설에 속았다는 것을 깨달았죠. 그러나 영리한 토끼는 꾀를 써 간을 육지에 놓고 왔다고 말한 뒤 육지로 도망쳐 버리죠.

다른 사람이 나에게 아주 듣기 좋은 말을 하며 다가올 때는 경계하는 태도가 필요합니다. 그 속에는 다른 꿍꿍이가 있을 수 있기 때문이죠. 토끼를 꼭 용궁으로 데려가야만 했던 별주부의 말, 준호에게 접근해 유혹했던 낯선 사람의 행동처럼요. 감언이설에 속지 말고 그 사람의 속내를 파악하는 인간관계의 지혜를 키우기 위해 함께 노력해 봅시다.

별주부전

조선 후기의 판소리계 소설로 판소리로는 <수궁가>라고 부른다. 토끼의 간을 먹어야 병이 낫는 용왕을 위하여 육지로 나간 별주부(자라)가 토끼를 용궁에 데려오는 데는 성공하지만, 토끼가 간을 빼놓고 다닌다는 말로 잔꾀를 부려 죽음의 위기에서 벗어나 도망친다는 내용이다. 조선시대 판소리 열두 마당 중 현재까지 전해져 내려오는 대표 판소리 다섯 마당은 <수궁가> 외에 <춘향가>, <심청가>, <흥부가>, <적벽가>가 있다.

인간 주제 사자성어 ④

이 심 ㅈ ㅅ

(1) 이심주심   (2) 이심전심   (3) 이심조심

以					
써 이					

心					
마음 심					

비슷한 사자성어 심심상인(心心相印)
– 말없이 마음과 마음으로 뜻을 전함.

이심전심(以心傳心) #교감

"말 안 해도 알지. 우린 친구잖아."

내가 말하지도 않았는데 친구가 나의 마음을 알아준 적 있나요? 보통 텔레파시가 통했다고 많이 표현하죠. 아무 말도 하지 않았는데 마음을 알아채는 마법사 같은 친구, 어떻게 이런 일이 가능할까요?

이와 관련된 고사성어는 이심전심입니다. 써 이(以), 마음 심(心), 전할 전(傳), 마음 심(心)으로 마음에서 마음으로 전한다는 뜻을 가지고 있습니다. 내 마음이 곧 너의 마음으로 서로 통한다는 거죠. 친구가 어떤 슬픈 일을 겪고 있을 때 얼마나 슬픈지 말하지 않아도 친구의 고통을 충분히 느낄 수 있고 알 수 있는 것처럼 말이에요. 이런 이심전심을 과학적으로도 알아볼 수 있습니다.

우리 머릿속에는 거울 뉴런이 있습니다. 거울은 빛을 반사하여 물체의 모양을 비추어 보는 물건입니다. 내가 짓는 표정, 몸짓을 그대로 보여주죠. 거울 뉴런이란 남의 행동을 보는 것만으로도 자기가 행동할 때처럼 똑같이 반응하는 신경세포를 말합니다. 이 거울 뉴런을 통해 우리는 다른 사람의 마음에 공감할 수 있습니다. 이심전심은 우리 사회를 따뜻하게 만듭니다. 다른 사람의 마음을 알아주는 것만으로 위로받고 상처를 치유할 수 있기 때문이죠. 혹시 학교에서 다른 친구의 마음이 잘 느껴진다면 이를 친구에게 말로 표현해 보세요. 그 친구와 지금보다 더 가까워질 수 있는 계기가 될 것입니다.

텔레파시

텔레파시는 염동력, 순간이동과 함께 3대 초능력이라 부를 만큼 대중적으로 인기 있는 초능력이다. 텔레파시란, 대화나 몸짓, 표정으로 표현하지 않았는데 다른 사람의 생각을 알아채는 능력을 가리킨다. 현재의 텔레파시는 초능력의 영역으로 거의 불가능하지만, 다른 초능력들과는 달리 과학적으로 완전 불가능한 것은 아니다. 인간의 생각도 뉴런을 통한 전기 정보이다. 이 전기 신호를 외부에서 증폭시킬 수 있고, 수신 및 해석할 수 있는 장치만 있다면 텔레파시도 이론적으로는 불가능하지는 않다. 적절한 기계 장치가 있다면, 미래에는 뇌파를 증폭하고 해석하는 기술이 급속도로 발전해서 텔레파시가 가능해질지도 모른다.

인간 주제 사자성어 ⑤

동 상 ㅇ ㅁ

(1) 동상우몽   (2) 동상이몽   (3) 동상용몽

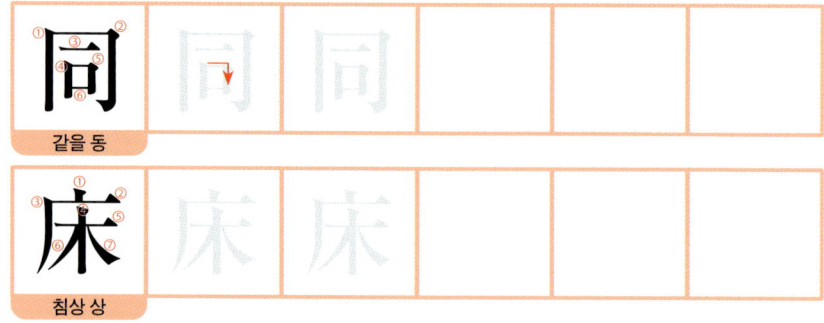

同 같을 동

床 침상 상

비슷한 사자성어 각자도생(各自圖生)
– 각자 스스로 살길을 도모한다.

"같은 팀인 줄 알았는데……!"

　준수는 오늘 열리는 축구 경기를 위해 팀원들과 두 달 동안 열심히 연습했습니다. 평소 연습했던 전략대로 경기를 이끌어가고 있는데 연습할 때와 달리 패스를 잘해주던 민건이가 혼자 공을 독차지하는 게 아니겠어요? 팀의 승리를 위해 열심히 연습했건만 민건이가 왜 갑자기 저런 행동을 하는지 이해할 수 없었어요. 결국 준수네 팀은 지고 말았고, 화가 난 준수는 민건이에게 항의했어요. 사실 민건이는 시합을 응원 온 민정이에게 멋진 모습을 보이고 싶어서 공을 오래 차지하고 있었던 거였어요. 같은 경기를 뛰었지만 준수의 목표는 팀의 승리였고, 민건이의 목표는 민정이의 관심이었던 것이죠.

　이와 관련된 고사성어는 동상이몽입니다. 같을 동(同), 침상 상(床), 다를 이(異), 꿈 몽(夢)으로 같은 잠자리에서 다른 꿈을 꾼다는 뜻을 가지고 있답니다. 같은 곳에서 잠을 잔다고 같은 꿈을 꾸지 않지요. 겉으로는 같은 생각을 하고 같은 행동을 하는 것처럼 보이지만 속으로는 다른 생각을 하는 상황에서 사용합니다. 이러한 동상이몽은 역사 속에서도 찾아볼 수 있습니다. 과거 신라가 삼국을 통일하는 과정에서 신라와 당나라의 연합도 동상이몽의 모습이 나타났습니다. 당나라는 겉으로는 신라와 함께 고구려와 백제를 항복시키려는 것처럼 보이지만, 속으로는 한반도 전체를 집어삼키고자 하는 목표가 있었죠. 당나라의 욕심을 알게 된 신라는 당나라와 전쟁을 7년 동안 했고 당나라가 패배해 신라가 삼국을 통일하게 된 것입니다. 이렇게 같은 곳을 보고 있지만 속을 들여다보면 그렇지 않은 관계를 동상이몽이라고 합니다.

나당연합

6세기 후반 신라가 한강을 차지한 뒤부터 고구려·백제의 관계는 매우 나빴다. 신라는 당에 도움을 요청했고, 신라와 당 사이에 동맹이 체결되어 나당연합이 결성되었다. 나당연합군은 김유신을 앞세워 백제(660)와 고구려(668)를 멸망시키면서 삼국 통일(676)의 발판을 마련했다. 그러나 외부 세력의 도움을 받아 통일을 이루었기 때문에 우리의 영토는 훨씬 작아졌다.

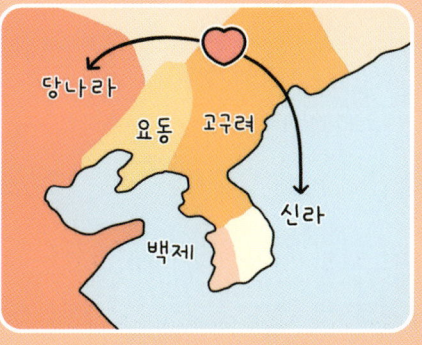

인간 주제 사자성어 6

유유

(1) 유유소중   (2) 유유성장   (3) 유유상종

類 무리 류

비슷한 사자성어 **초록동색(草綠同色)** – 풀색과 녹색은 같은 색이라는 뜻으로 같은 처지에 있는 사람들끼리 어울리게 된다는 뜻.

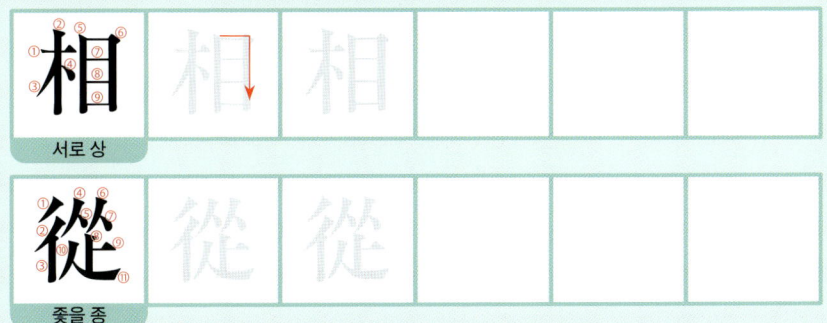

서로 상: 相

좇을 종: 從

 #무리

"끼리끼리라더니…….."

　정인이는 화가 많습니다. 별일 아닌 것에 불같이 화를 내고, 화가 나면 소리를 지르거나 친구를 때리는 등 과격하게 행동합니다. 그러다 보니 정인이가 화를 내지 않아도 같이 생활하는 것을 힘들어하는 친구들이 많습니다. 정인이 친구를 유심히 관찰해보니 함께 어울리는 친구들 역시 화를 자주 내는 불같은 성격으로 유명한 아이들이었습니다.

　이와 관련된 사자성어는 유유상종입니다. 무리 유(類), 무리 유(類), 서로 상(相), 좇을 종(從)으로 같은 무리끼리 서로 따르며 좇는다는 뜻입니다. 우리는 주로 대화가 통하는 사람과 친해지고 어울리게 되죠. 대화가 통하려면 의식 수준이 맞아야 합니다. 같은 억울한 일을 겪었을 때 사람마다 반응하는 방법은 다릅니다. 어떤 사람은 상대방을 비난하고 소리를 지르며 과격하게 행동하고, 어떤 사람은 차분히 자기 생각을 말로 전달하죠. 작은 일에도 지나치게 화를 내며 반응하는 사람과 차분히 이야기하는 사람이 친해지기는 어렵습니다. 또 관심사가 비슷한 사람들끼리 어울리게 됩니다. 취미가 같거나 같은 연예인을 좋아한다면 훨씬 잘 어울릴 수 있겠죠. 그래서 우리는 비슷한 사람과 어울리게 되고 같은 무리를 만드는 것입니다. 그런데 유유상종은 좋은 의미로 사용되기보다는 비꼬는 의미로 많이 사용됩니다. "끼리끼리라더니……, 유유상종이네"처럼 말이죠. 서로 비슷한 성격, 관심 주제를 가진 사람들끼리 어울리는 것은 본능적으로 당연합니다. 우리가 여기서 가져야 할 태도는 내가 속해 있는 집단이 다른 사람에게 좋은 영향을 주고 있는지 살펴야 한다는 점입니다. 어울리는 사람은 나를 비추는 거울과 같습니다. 그 사람을 통해 자기를 바라보고 성찰해 보는 건 어떨까요?

유유상종의 유래

춘추전국시대의 순우곤과 관련한 고사에서 유래한다고 전해지고 있다. 제나라의 왕은 그에게 각 지방에 흩어져 있는 인재를 찾아 등용하도록 하였다. 며칠 뒤 순우곤이 일곱 명의 인재를 데리고 왕 앞에 나타나자 왕은 "귀한 인재를 한번에 일곱 명씩이나 데려오다니, 너무 많지 않은가?" 그러자 그는 "같은 종의 새가 무리지어 살듯, 인재도 끼리끼리 모입니다. 인재를 모으는 것은 강에서 물을 구하는 것과 같습니다"라고 하였다.

인간 주제 사자성어 7

살 신 ㅅ ㅇ

(1) 살신살인   (2) 살신성인   (3) 살신소인

身 몸 신

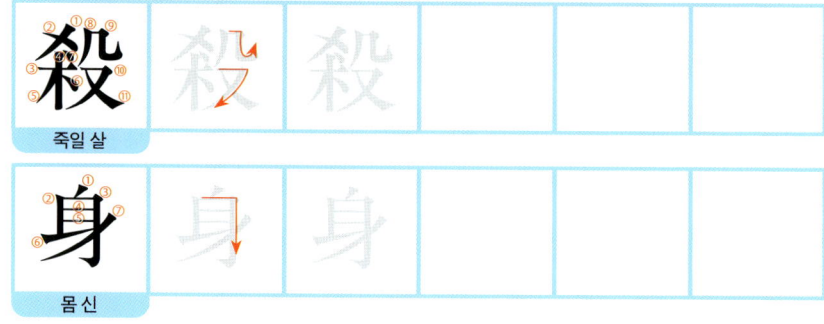

죽일 살

몸 신

비슷한 사자성어 사생취의(捨生取義) - 목숨을 던져 의로움을 얻는다.

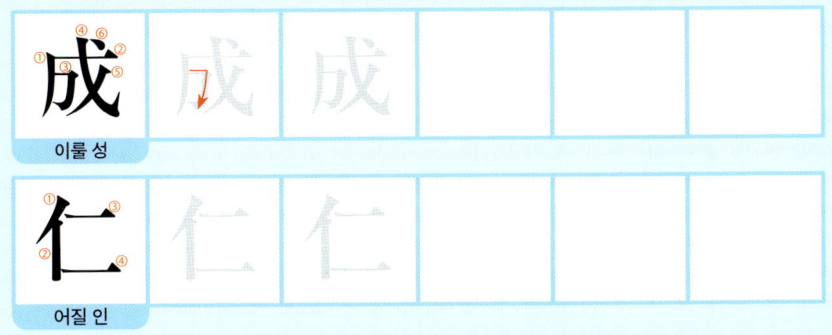

 ## 살신성인(殺身成仁)   #의로움

"다른 사람을 위해!"

터널 안 지나가던 차에서 불이 났습니다. 폭발할 수도 있는 위험한 순간입니다. 그때 한 사람이 차에서 내리더니 다른 차들이 안전하게 대피할 수 있도록 대피로를 확보해 주고 안내해 준 후 불이 나고 있는 차에 달려가 소화기로 불을 껐습니다. 그 사람은 바로 퇴근하고 아내와 함께 차를 타고 가고 있던 소방관이었습니다. 불이 난 차에 타고 있는 사람들의 안전, 터널 안에 있는 사람들의 안전을 위해 선뜻 나서서 행동해 준 것이죠.

이와 관련된 사자성어는 살신성인입니다. 죽일 살(殺), 몸 신(身), 이룰 성(成), 어질 인(仁)으로 자기 몸을 죽여 인을 이룬다는 뜻을 가지고 있습니다. 인이라는 것은 공자가 가장 중요시했던 덕목으로 타인에 대한 사랑을 말합니다. 3.1운동 때 우리 민족을 위하여 살신성인 한 유관순 열사를 알고 있나요? 유관순 열사는 일제강점기에 3.1운동을 주도한 독립운동가입니다. 3.1운동 이후 아우내 독립 만세운동을 했고 그 일로 인해 공주 교도소에 수감되었습니다. 독립을 위해 옥중에서도 만세운동을 했고 이 일로 심한 고문을 받고 말았습니다. 오랜 기간의 고문과 영양실조로 유관순 열사는 18세의 나이로 순국하였습니다.

꽃다운 나이에 자신의 인생보다 민족의 독립을 위해 행동했고, 그 행동에는 희생에 대한 감내가 묻어있습니다. 남을 위해 자기를 희생하는 것은 결코 쉬운 일이 아닙니다. 하지만 우리 주변에는 살신성인의 자세로 삶을 살아가고 있는 사람들이 많습니다. 다른 사람에 대한 사랑으로 어려운 행동을 한 사람들을 기억하고 감사하며 살아갑시다.

아우내 독립만세운동

1919년 4월 1일 독립선언서를 낭독하고 대한독립만세를 선창하자, 유관순 열사를 비롯하여 아우내 장터에 모인 3천여 명의 군중이 호응하여 독립만세를 외치며 시장을 행진하였다. 이는 호서 지방에서 전개된 최대 규모의 독립만세운동이었다. 유관순 열사는 징역 3년을 선고받고 복역 중 옥중에서 순국하였다.

인간 주제 사자성어 8

죽마 ㄱ ㅇ

(1) 죽마고우　　(2) 죽마가요　　(3) 죽마기우

竹 대나무 죽

竹 대 죽

馬 말 마

비슷한 사자성어 **금란지계(金蘭之契)** - 쇠처럼 단단하고 난초 향기처럼 그윽한 사귐의 의리를 맺는다는 뜻.

故 예 고

友 벗 우

 ## 죽마고우(竹馬故友)   #우정

"우리는 둘도 없는 친구!"

4학년 종업식날 준수와 민재는 깜짝 놀랐습니다. 5학년도 같은 반이 되었기 때문이죠. 이 둘은 같은 유치원에 다녔고, 초등학교에 입학하고도 줄곧 같은 반이 되어 함께 많은 시간을 보낸 둘도 없는 친구 사이입니다. 이렇게 어린 시절부터 친한 친구 사이를 죽마고우라고 합니다.

죽마고우는 대 죽(竹), 말 마(馬), 예 고(故), 벗 우(友)로 대나무로 만든 말을 타고 놀던 옛 벗이라는 뜻입니다. 어릴 때부터 함께 놀던 친한 친구라는 말이죠. 요즘은 친구들과 휴대폰 게임을 하거나 놀이터에서 놀지만, 옛날에는 대나무를 장난감 삼아 놀곤 했답니다. 죽마고우의 주인공은 <삼국지>의 유비와 간옹입니다. 유비와 간옹은 같은 고향에서 자라 어릴 때부터 친했고, 유비의 행보를 처음부터 끝까지 함께한 사이입니다. 많은 배신과 이해관계에 따라 어제의 친구가 오늘의 적이 되는 힘든 시기에도 간옹은 유비의 곁에서 든든한 지지자가 되었습니다. 죽마고우니까 간옹은 유비의 마음을 누구보다 잘 이해해 다른 신하와 유비 사이를 중

재하고, 유비의 어려움에 공감해 주었습니다. 필요할 때는 유비에게 바른 소리를 하여 유비가 올바른 선택을 할 수 있도록 돕기도 했죠. 이러한 좋은 죽마고우가 곁에 있었기에 유비는 촉한의 황제까지 오를 수 있었습니다.

좋은 친구를 곁에 두는 것은 인생에서 중요한 일입니다. 유비 곁에 간옹과 같은 좋은 죽마고우가 있었기에 서로 마음을 터놓을 수 있고 함께 의지하며 바른 길로 갈 수 있었던 것이죠. 나에게 죽마고우는 누구인지, 서로에게 좋은 친구가 되기 위해서는 어떻게 해야 하는지 생각해 보고 실천해 봅시다.

대나무

세계적으로 1,200여 종이나 되는 대나무는 히로시마 원폭 피해에서 생존했을 정도로 생명력이 강하다. 대나무 줄기는 곧게 뻗고 마디가 뚜렷하다. 마디와 마디 사이는 속이 비어 있어 대통을 이루어서 강직함과 절개의 상징으로 표현한다.

5장
관계 주제 사자성어

관계 주제 사자성어 ①

소 탐 ㄷ ㅅ

(1) 소탐대실   (2) 소탐대소   (3) 소탐대수

大 큰대

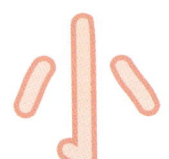
小 작을소

작을 소

탐할 탐

비슷한 사자성어 교각살우(矯角殺牛)
- 작은 흠이나 결점을 고치려다가 도리어 일을 그르치는 것.

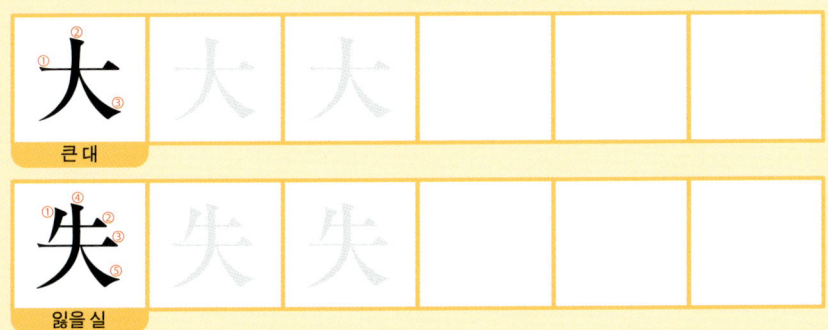

소탐대실(小貪大失)   #욕심

"눈앞의 이익에 눈이 멀어 그만······!"

민주는 점심시간을 가장 좋아합니다. 4교시까지 배고픈 걸 참고 기다리면 맛있는 점심을 먹을 수 있어요. 급식을 빨리 많이 먹으려면 서둘러 가야하는데 선생님은 뛰지 말라고 해요. 하지만 민주는 얼른 먹고 싶은 마음에 전속력으로 달려나가다 책상다리에 걸려 넘어지고 말았어요. 급식을 빨리 먹고 싶은 욕심에 뛰다가 다리를 다치고 말았네요.

이런 상황을 소탐대실이라고 합니다. 작을 소(小), 탐할 탐(貪), 큰 대(大), 잃을 실(失)로 작은 것을 탐하다 큰 손실을 본다는 뜻입니다. 옛날 중국의 촉나라는 땅이 비옥하고 넓은 평야가 있어 농사가 잘되는 살기 좋은 나라였습니다. 하지만 촉나라 왕은 이에 만족하지 않고 더 많은 재물을 거두어들이는 것에만 관심을 가졌죠. 옆 나라 진나라 왕은 촉나라의 환경이 부러워 그 땅을 꼭 빼앗고 싶어서 전략을 세웠답니다. 진나라 왕은 아주 큰 황소를 만들고 화려하게 장식해서 황소가 걸어간 자리마다 일부러 황금 덩어리를 떨어뜨렸어요. 그리고 황금 똥을 누는 금소라고 동네방네 소문을 냈죠. 이 소문은 여기저기 퍼져 촉나라 왕의 귀까지 들어갔죠. 진나라 왕은 촉나라 왕에게 금소가 지나갈 수 있는 큰길을 함께 뚫는다면 이 금소를 선물로 주겠다 약속했죠. 눈앞의 이익에 눈이 먼 촉나라 왕은 금소가 지나갈 수 있는 큰길을 만들었습니다. 이후에 어떤 일이 일어났을까요? 길을 만들자마자 진나라는 그 길로 군대를 이끌고 쳐들어와 촉나라를 점령해 버렸답니다.

이런 일은 우리의 생활 속에서 자주 일어납니다. 따라서 소탐대실하지 않고 가진 것에 감사하며 살아가는 것이 중요합니다.

✿ 욕심과 관련한 사자성어

견물생심(見物生心)
물건을 보면 그것을 가지고 싶은 욕심이 생긴다는 뜻.

사리사욕 (私利私慾)
사사로운 이익과 욕심.

탐관오리 (貪官汚吏)
백성의 재물을 탐내어 빼앗는, 행실이 깨끗하지 못한 관리.

양토실실(兩兎悉失)
두 마리 토끼를 잡으려다 둘 다 놓친다.

관계 주제 사자성어 ②

임기 ㅇ ㅂ

(1) 임기웅변   (2) 임기응변   (3) 임기용변

변할 변

임할 임

때 기

비슷한 사자성어 임시방편(臨時方便)
- 갑자기 터진 일을 우선 간단하게 둘러맞추어 처리함.

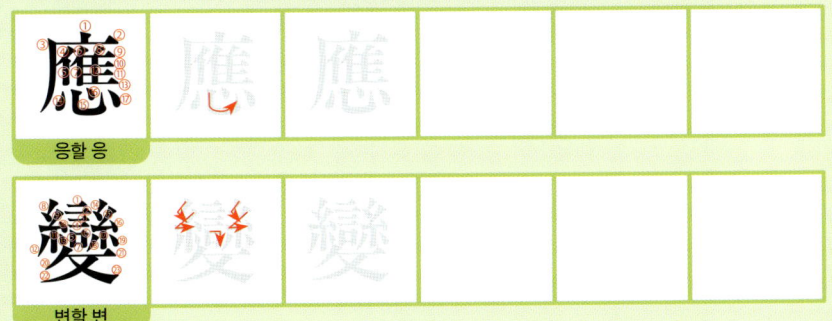

임기응변(臨機應變) #대처

"위기 상황이다!"

오늘은 준수네 모둠의 중요한 프로젝트 발표날입니다. 4교시에 발표 예정이라 2교시 쉬는 시간에 미리 발표 자료를 확인했는데, 발표 자료가 최종본이 아니었어요. 발표 담당 준수는 너무 당황했어요. 그러자 모둠원 다영이가 마지막으로 수정한 부분을 기억한다며 서둘러 자료를 수정했죠. 다영이 덕분에 준수네 모둠은 무사히 발표를 마칠 수 있었습니다.

이와 관련된 사자성어는 임기응변입니다. 임할 임(臨), 때 기(機), 응할 응(應), 변할 변(變)으로 그때그때 처한 사태에 맞추어 알맞게 대처한다는 뜻을 가지고 있습니다. 동상이몽에 관해 이야기할 때 예를 들었던 신라와 당나라의 이야기 기억하나요? 신라가 당나라와 전쟁에서 이길 수 있었던 것은 바로 신라의 임기응변 덕분이었죠. 고구려와 백제를 함락한 후 당나라는 신라도 정벌하려고 했고, 이러한 위기 상황을 신라도 당하고 있지만 않았습니다. 신라 문무왕은 겉으로는 당나라에게 충성을 맹세하면서 다른 한 편으로는 치밀한 군사작전을 짰죠. 이러한 임기응변 덕분에 신라는 시간을 벌 수 있었고 당나라와의 7년 전쟁에서 이길 수 있었답니다.

　임기응변이 단순히 잔머리 굴리는 것이라 생각할 수 있지만 이것은 상황을 읽는 능력입니다. 비행기가 비상 상황에 닥쳤을 때 기장이 침착하게 임기응변 하기 위해서는 그동안의 경험과 비행 훈련이 있어야 합니다. 다영이가 발표 준비를 열심히 해서 위기 상황에 잘 대처한 것과, 신라가 외교에 관한 여러 전략을 고민하여 당나라와 전쟁에서 이긴 것처럼요.

나당전쟁

신라와 당이 동맹하여 백제와 고구려를 멸망시킨 후 당이 약속대로 신라에게 대동강 이남의 영토를 주지 않고 한반도를 전부 차지하려고 하자 신라는 당과 전쟁을 했다. 나당전쟁은 670년부터 676년까지 7년간 이어졌다. 초반에는 당에게 패했으나 육지에서는 매소성 전투, 해상에서는 기벌포 해전에서 승리했다. 결국 신라는 당을 몰아내고 삼국통일을 이룩했다. 그러나 대동강에서 원산만에 이르는 일부 영토밖에는 통일하지 못했다.

관계 주제 사자성어 ③

외 유 ㄴ ㄱ

(1) 외유내강   (2) 외유나강   (3) 외유난강

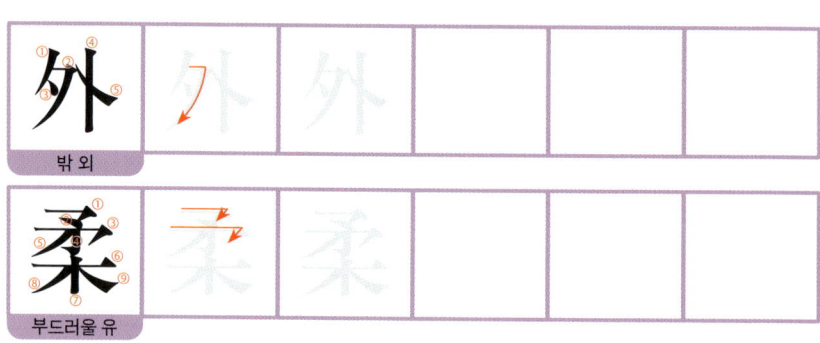

밖 외

부드러울 유

비슷한 사자성어 강유겸전(剛柔兼全)
- 강하고 부드러움을 아울러 갖춤.

외유내강(外柔內剛) #강건

"겉은 부드러우나 속은 단단한 사람이 되자!"

사람의 성격은 겉으로 보이는 것과 안에서 나타나는 것으로 나눌 수 있습니다. 외유내강은 밖 외(外), 부드러울 유(柔), 안 내(內), 굳셀 강(剛)으로 겉으로 보기에는 부드러우나 마음속은 꿋꿋하고 단단한 사람을 뜻하는 사자성어입니다. 외유내강을 가진 역사적 인물은 누가 있을까요? 많은 위인이 있지만 단연코 세종대왕이 으뜸입니다. 세종대왕은 조선 제4대 왕으로 조선 시대 역대 가장 현명한 군주로 평가받죠. 우리가 사용하는 만 원권 지폐의 주인공이기도 하고요. 이렇게 후대에 좋은 평가를 받을 수 있는 이유는 무엇일까요?

겉으로 보기에 세종대왕은 온화하고 겸손했습니다. 평소 농민에 대한 걱정과 죄수들과 노비의 고충과 고통까지 항상 마음에 품고 있었습니다. 이러한 따뜻한 마음으로 백성이 한자를 몰라 당하는 서러움을 해결하고자 한글을 창제했던 거죠. 또 여러 신하의 말에 귀 기울이는 군주였습니다. 신하와 과학자들이 각자의 의견을 소신 있게 말하고 학문에 열중할 수 있도록 했고, 이런 과정이 있었기에 장영실을 등용하여 다양한 과학기술을 발전시켰죠. 부드러움만 있었다면 중대한 일을 추진하기 어려웠을 것입니다. 조선 시대는 계급사회로 이미 사용하고 있던 한자 대신 한글을 창제한다고 했을 때 부딪혔을 양반들의 반대에 소신을 꺾지 않고 밀어붙이는 강인함이 있었기에 가능한 일이었습니다.

혹시 세종대왕처럼 나의 주변에 외유내강의 모습을 가진 사람이 있나요? 겉으로는 겸손하고 부드러우나 속은 단단하여 자기의 신념을 믿고 굳센 사람이 되는 것은 많은 사람의 목표일 것입니다.

집현전

세종대왕은 좋은 정치를 펼치려면 무엇보다 뛰어난 인재를 기르고 학문을 발전시켜야 한다고 생각했다. 집현전은 원래 고려 시대부터 내려온 도서관인데 이를 학문 연구 기관으로 만들어 학자 20여 명을 뽑아 일하게 했다. 집현전 학자에게 가장 중요한 일은 왕과 신하의 학술 토론인 경연과 왕세자에 대한 교육인 서연을 준비하는 것이었다. 뿐만 아니라 외교 문서를 작성하거나 과거 시험의 시험관이 되거나, 실록 편찬에 참여하기도 했다.

관계 주제 사자성어 ④

결 자 ㅎ ㅈ

(1) 결자혜지　(2) 결자해주　(3) 결자해지

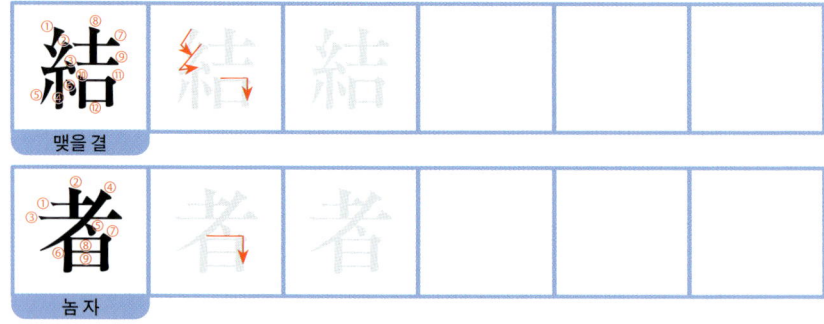

비슷한 사자성어 불심지책(不審之責)
- 자세히 살피지 못한데 대한 책임을 짐.

결자해지(結者解之)   #해결

"책임지는 자세"

준수는 축구를 참 좋아합니다. 요즘은 축구에 빠져 등교 시간보다 일찍 학교 운동장에 와서 축구 연습을 하죠. 그날도 일찍 학교에 와 운동장에서 연습하고 있었습니다. 동영상으로 본 슈팅을 연습하는데 갑자기 공이 생각치 못한 방향으로 날아가 버리더니 골대 뒤쪽에 있는 학교 창문에 부딪혀 유리창이 와장창 깨졌습니다. 당황한 준수는 공을 들고 집으로 달려갔습니다. 얼굴이 하얗게 질린 채로 집에 들어오자, 부모님은 놀라 무슨 일인지 물어보았고 준수는 사실대로 있었던 일을 말했습니다. 그러자 부모님은 이렇게 말했습니다. "준수야, 결자해지라고 했단다. 학교에 가서 사실대로 말하고 죄송하다고 책임지겠다고 말하렴."

여기서 결자해지란 맺을 결(結), 놈 자(者), 풀 해(解), 어조사 지(之)로 매듭을 묶은 자가 풀어야 한다는 뜻으로 일을 저지른 사람이 일을 해결해야 함을 뜻합니다. 매듭을 묶는 방법은 다양합니다. 하지만 그 매듭을 푸는 것은 묶은 사람이 가장 잘할 수 있습니다. 묶은 방법을 알기 때문이죠. 이렇게 어떤 문제가 생겼을 때 그

문제를 해결하는 모습에서 사람은 대인배와 소인배로 구분됩니다. 대인배는 모든 일의 원인과 결과를 자기 책임으로 돌리고, 소인배는 다른 사람에게서 그 책임을 찾죠. 대인배는 잘못했을 때 그 잘못을 고치려고 하지만 소인배는 잘못을 인정하지 않고 덮기 위해 꾸며내죠.

만약 준수가 부모님께 말씀드리지 않고 자기 잘못을 덮으려고만 했다면 마음에 흔적으로 남아 오랜 시간 괴로웠을 겁니다. 반면 준수가 부모님의 말씀을 듣고 문제를 직접 해결하고 책임진다면 더 훌륭한 대인배로 성장할 기회가 될 것입니다.

소인배가 대인배 되는 비법

자기 개발 독서, 취미, 운동, 습관 개선 등을 통해 자기 개발에 힘쓰기.
타인 배려 다른 사람들의 입장에서 생각하고 행동하기.
자기통제 감정적으로 흔들리지 않고 차분하게 대처할 수 있는 방법 찾기.
책임감 자신이 맡은 일에 대해 책임을 지고 최선을 다하기.
성실함 무엇이든 열심히 하는 것.

관계 주제 사자성어 5

노 심

(1) 노심처사   (2) 노심추사   (3) 노심초사

勞					
일할 로					
心					
마음 심					

비슷한 사자성어 전전긍긍(戰戰兢兢)
- 몸을 움츠리는 것으로 어떤 위기감에 떠는 심정을 비유.

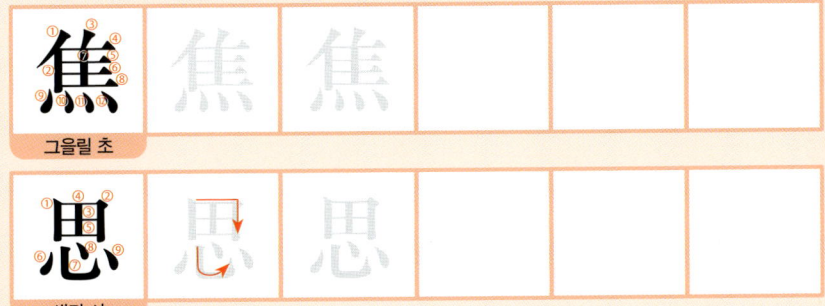

노심초사(勞心焦思)   #애태움

"걱정의 순기능과 역기능"

노심초사는 일할 로(勞), 마음 심(心), 그을릴 초(焦), 생각 사(思)로 마음속으로 애를 쓰고 생각이 많아 속이 탄다는 뜻의 사자성어입니다. 어떤 것에 대해 걱정할 때 쓸 수 있는 표현이죠. "시험을 망칠까 노심초사해"처럼요. 이와 관련된 옛이야기를 들어볼까요? 중국 고대 국가 하나라 우왕의 이야기입니다. 중국의 황허 유역은 잦은 홍수로 인해 백성들이 큰 피해를 보았습니다. 임금은 곤이라는 신하에게 홍수 피해를 극복하도록 치수 사업을 맡겼죠. 하지만 곤은 9년 동안 해결하지 못했고 임금은 책임을 물어 곤을 죽인 뒤 그 아들 우에게 치수 사업을 맡겼습니다. 우는 아버지의 죽음을 마음에 새기며 13년 동안 노심초사하며 치수에만 전념했습니다. 그리고 그 덕분에 백성들은 홍수 피해에서 벗어날 수 있었습니다. 13년 동안의 걱정으로 건강은 많이 상했지만, 우는 공을 인정받아 왕의 후계자가 되었고, 백성들은 안전한 생활을 이어갈 수 있었습니다.

사람과 동물의 차이를 아나요? 사람이 동물과 다른 점 중의 하나는 바로 사람은 동물과 다르게 '걱정'을 한다는 것입니다. 동물은 미래의 일을 생각하고 걱정하지 않습니다. 다른 동물이 위협하면 공포를 느끼거나 당장 먹을 것이 없을 때 행동하죠. 하지만 사람은 걱정을 합니다. 미래에 생길 수 있는 위험 요소를 생각하고 대비해 위험을 피할 수 있고 그러면서 진화할 수 있었습니다.

적당한 노심초사는 지능을 높이고 우리를 발전시킬 수 있지만 과유불급이라 하였죠. 지나친 노심초사는 오히려 독이 될 수 있습니다. 지나친 걱정은 스트레스가 되어 면역체계를 약화하고 많은 질병을 불러옵니다. 걱정거리가 있다면 건강을 괴롭히지 않는 선에서 해결하기 위해 노력하는 것이 중요하겠죠?

전문가가 권하는 스트레스 해소법 10

① 나가서 활동하기
② 긍정적 마음으로 바꾸기
③ 건강에 좋은 음식 먹기
④ 목표를 정하고 도전하기
⑤ 취미 갖기
⑥ 심호흡하는 법 익히고 명상하기
⑦ 숙면하기
⑧ 현명하게 생각하기
⑨ 도움을 줄 사람 찾아 의논하기
⑩ 봉사활동

관계 주제 사자성어 6
청출 ㅇ ㄹ

(1) 청출우람   (2) 청출어록   (3) 청출어람

푸를 청

| 비슷한 사자성어 | 출람지예(出藍之譽) - 제자나 후배가 스승이나 선배보다 낫다는 평판을 얻는 명예를 이르는 말. |

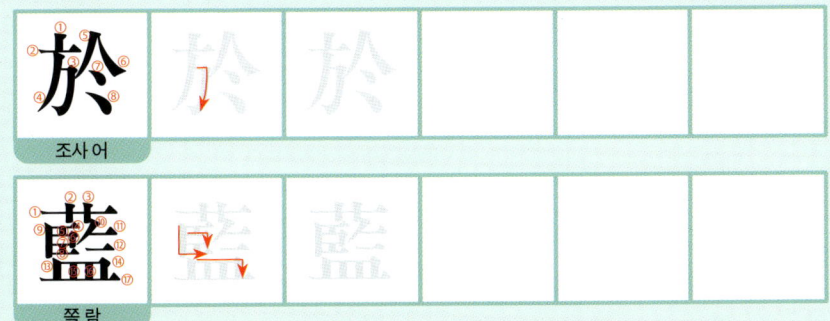

 ## 청출어람(靑出於藍)　#출중

"스승을 뛰어넘는 제자"

청출어람은 푸를 청(靑), 날 출(出), 조사 어(於), 쪽 람(藍)으로 쪽에서 나온 물감이 오히려 더욱 푸르다는 뜻입니다. 쪽은 중국의 한해살이풀입니다. 잎은 평범한 녹색이지만 여러 과정을 거쳐 더 푸른 남색 연료를 만들 수 있죠. 쪽에서 나온 물이 쪽의 잎 색보다 파랗기에 스승에게 배운 제자의 학문이나 실력이 스승을 능가한다는 속뜻을 가지고 있습니다.

조선 정조 시대의 화가로 당대 최고의 화가였으며 <씨름도>, <서당> 등의 유명한 풍속화 작품을 남긴 김홍도를 알고 있나요? 풍속화와 산수화에 특출난 재능을 보인 김홍도에게는 강세황이라는 스승이 있었습니다. 김홍도는 예닐곱 살 때부터 강세황의 집에 드나들며 그림을 배웠습니다. 강세황은 그림에 열정이 대단한 사람이었습니다. 당대 조선의 화풍에만 머무르지 않고 열린 마음으로 그림 공부를 하셨죠. 청나라에서 들여온 책과 그림을 보며 서양의 미술 기법을 익혀 서양의 색채 원근법을 적용하기도 했습니다. 강세황은 김홍도의 천재성을 알아봤고 김홍도를 도화서 (조선 시대 국가에서 필요한 그림을 그리던 관청) 화원으로 추천했습니다. 이런 강세황의 교육으로 김홍도의 그림 실력은 날이 갈수록 빛을 발했고, 정조의 전폭적인 지지를 받아 당대 최고의 화가로 자리 잡을 수 있었습니다.

모든 제자가 스승의 실력을 능가하는 것은 아닙니다. 제자 대부분이 스승의 실력을 넘지 못하는 경우가 많죠. 그러나 배움의 자세에 따라 성장의 폭이 달라집니다. 스승에게 많은 것을 묻고 배움에 적극적으로 임하는 제자는 자기 것을 선뜻 내어주는 스승에게서 얻은 지혜를 배움으로 청출어람 할 수 있죠.

✿ 김홍도와 신윤복

조선 시대 쌍벽을 이루던 단원 김홍도와 혜원 신윤복. 김홍도와 신윤복의 그림은 같은 풍속화이지만 여러 면에서 다르다. 김홍도가 강한 선으로 빠르게 그림을 그렸다면, 신윤복은 가는 선으로 세밀하게 그림을 그렸다. 또 김홍도는 배경을 거의 그리지 않았지만 신윤복은 세세하게 배경을 묘사했다. 김홍도가 서민들의 삶을 즐겨 그리고 익살맞게 그렸다면, 신윤복은 양반들의 풍류나 남녀 간의 사랑과 같은 이야기들을 매우 화려하고 섬세하게 그렸다.

관계 주제 사자성어 7

군 계 ㅇ ㅎ

(1) 군계일학   (2) 군계오학   (3) 군계유학

鶴
학 학

群 무리 군

鷄 닭 계

비슷한 사자성어 학립계군 (鶴立鷄群)
– 닭 무리 중 학이 서있다는 뜻으로 무리 중 뛰어남.

군계일학(群鷄一鶴) #출중

"다른 친구들보다 뛰어나기 위한 비법은?!"

준수네 반에서 가장 인기 있는 사람을 뽑으라 하면 거의 모든 친구가 하진이를 뽑습니다. 그 이유는 하진이가 외모도 단정하고 공부도 잘해 항상 1등을 하기 때문이죠. 그리고 친구들을 배려하는 마음도 깊어 준수네 반에서 가장 눈에 띄는 학생입니다. 이러한 경우를 군계일학이라 합니다. 무리 군(群), 닭 계(鷄), 하나 일(一), 학 학(鶴)으로 닭의 무리 중에 있는 한 마리 학이라는 뜻입니다.

이 세상에 이름을 날린 많은 사람은 각자의 분야에서 두각을 나타낸 사람입니다. 여러 평범한 사람 가운데에서 뛰어난 무언가를 가진 사람은 누가 있을까요? 영화나 드라마에 나오는 배우 중 특출난 외모로 다른 사람들보다 더 돋보이는 사람, 많은 축구 선수 중 엄청난 실력으로 뛰어난 성과를 거두는 사람, 창의적이고 독특한 미술 실력으로 미술 대회에서 입상하는 사람 등이 있습니다. 그렇다면 군계일학 하는 사람들은 어떤 무언가를 가지고 있는 걸까요? 바로 '아름다움'입니다. 아름다움이라 하면 얼굴이 예쁘고

잘생긴 것을 떠올릴 텐데요. 아름다움에는 두 가지 종류가 있습니다. 첫 번째는 외면적 아름다움입니다. 바로 겉으로 보이는 아름다움이죠. 하지만 외면적 아름다움의 기준은 사람, 사회마다 다릅니다. 누구는 쌍꺼풀이 있는 눈을 좋아하지만, 어떤 사람은 쌍꺼풀이 없는 눈을 선호하는 것처럼요. 외면적 아름다움 중에서 사람에 따라 변하지 않는 기준은 바른 자세, 말투, 표정입니다. 그러니 어깨를 활짝 펴고 건강한 몸을 위해 운동하는 습관은 중요하겠죠? 또 다른 아름다움은 내면적 아름다움입니다. 자기 성장을 위해 끝없이 포기하지 않고 노력하는 것입니다. 성적을 위해 끈기로 공부하고 축구 실력을 올리기 위해 열정적으로 연습하는 것처럼요. 아무나 군계일학 하는 것이 아닙니다. 이러한 두 가지 아름다움을 가지기 위해 노력한 자만이 군계일학 할 수 있답니다.

✦ 아름답다의 어원

'아름답다'의 '아름'은 알다, 안다, 아름 등과 같은 음을 가졌다. 따라서 아름답다의 본래 의미를 '나답다'로 해석하기도 하고, 또는 '알고 있다'는 데서 유래됐다고 보기도 한다. 내 가치관과 맞는 것은 내 맘에 든다, 마음에 든다, 보기 좋다라는 뜻으로 변천이 돼 아름답다라고 쓴다는 의견이 많다.

관계 주제 사자성어 8

동병ㅅㄹ

(1) 동병상련 (2) 동병수련 (3) 동병상로

瓶
병 병

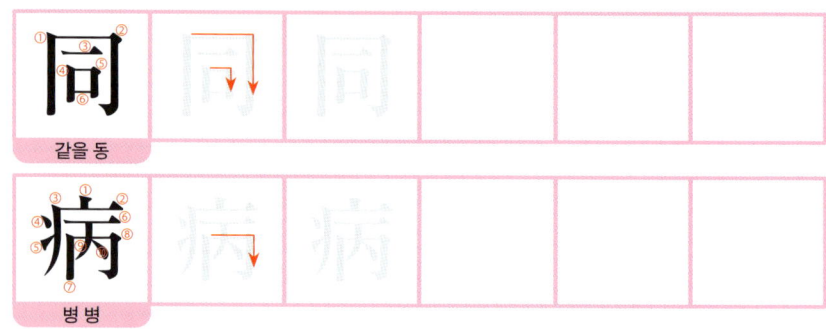

同 같을 동

病 병 병

비슷한 사자성어 　**초록동색(草綠同色)** – 풀빛과 녹색은 같은 빛깔이란 뜻으로, 같은 처지의 사람과 어울리거나 기우는 것.

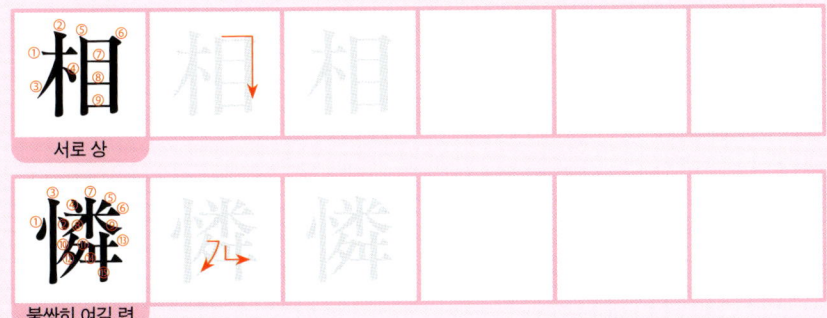

동병상련(同病相憐) #공감

"나도 그런 적 있는데! 내가 도와줄게!"

준범이는 놀이터에서 놀다 잘못 떨어지는 바람에 그만 팔에 금이 가 깁스를 해야 하는 상황이었습니다. 하필 오른쪽 팔이라 학교생활에 걱정이 이만저만이 아니었죠. 담임선생님은 같은 반 친구들에게 준범이 상황을 말하며 도와줄 수 있는 친구가 있는지 물었습니다. 여러 번거로움 때문에 친구들이 머뭇거리고 있을 때 유리가 번쩍 손을 들었습니다. 준범이가 자기를 도와주는 이유를 묻자 유리는 이렇게 말했습니다. "나도 지난번에 교통사고 때문에 깁스한 적이 있는데 그때 얼마나 불편하고 힘들었는지 잘 알아서 도와주고 싶었어."

이런 상황을 동병상련이라고 합니다. 같을 동(同), 병 병(病), 서로 상(相), 불쌍히 여길 련(憐)으로 같은 병을 앓아 서로를 가엾게 여긴다는 뜻을 가지고 있죠. 비슷한 처지나 고통을 겪는 사람끼리 서로 공감함을 빗댄 말입니다. 어떻게 우리는 다른 사람의 마음에 공감할 수 있을까요? 바로 뇌의 뇌섬엽이라는 부분 때문입니다. 뇌섬엽은 외부에서 들어오는 자극과 내부의 감각을 연결하고 다른 사람의 감정과 자기 감정을 연결하는 역할을 합니다. 뇌섬엽 덕분에 다른 사람의 감정을 이해하고 공감할 수 있죠. 준범이가 느끼는 감정을 유리가 공감해서 도와주는 것처럼요. 이러한 공감과 도움을 받은 사람은 상처가 치유되고 다시 힘을 내어 삶을 살아갈 수 있을 것입니다. 하지만 지나친 동병상련은 경계해야 합니다. 동병상련의 아픔을 느끼고 도와주는 것은 좋지만 고마움을 모르고 은혜를 원수로 갚는 배은망덕의 상황이 생길 수도 있기 때문입니다. 그러니 자기를 보호하는 선에서 적정한 인간관계의 거리를 유지하며 도와주는 것이 중요하겠죠?

뇌섬엽

우리 마음에 생겨나는 다양한 감정과 반응 중 사회적 감정, 도덕적 직감, 정서적 반응, 유머, 다른 사람의 표정에 대한 반응, 구매 여부 판단, 음식 취향 등 폭넓은 분야에 관여하는 뇌의 부위를 가리켜 뇌섬엽이라고 부른다. 외부에서 들어오는 자극과 내부의 감각을 연결하기도 하고, 다른 사람의 감정과 자기 감정을 연결하기는 등 허브 역할을 한다. 실제로 뇌섬엽이 발달한 사람은 공감능력이 뛰어나다는 연구 결과도 있다.

속닥속닥
속담이 알려주는 비밀 🔒

글 이동은 | 그림 한규원(필움) | 184쪽 | 13,500원

귀여운 동물 친구들과 속담을 속속들이 파헤치다

여러 학년의 국어 교과서에서 다루고 있는 속담, 그 이유는 무엇일까요?
말하기와 듣기 능력을 향상시켜주고 문해력을 높일 수 있기 때문입니다.
옛사람들의 다양한 지혜가 담겨 있는 속담을 귀여운 동물 친구들이 등장하는 만화로
쉽게 이해하고, 속담을 통해 여러 교과 지식들까지 배워보세요.